Ausführliches Verzeichnis der

Guttentagschen Sammlung

Deutscher Reichs- und Preußischer Gesetze

— Textausgaben mit Anmerkungen: Taschenformat —

welche alle wichtigeren Gesetze in unbedingt zuverlässigen Gesetzestexten und in mustergültiger Weise erläutert enthält, befindet sich hinter dem Sachregister.

Guttentagsche Sammlung
Nr. 56. Preußischer Gesetze. Nr. 56.
Textausgaben mit Anmerkungen.

Das preußische Tumultschadengesetz.

Textausgabe
mit Einleitung, Anmerkungen und Sachregister

von

Justizrat Dr. Bruno Friedlaender,
Rechtsanwalt in Berlin

Berlin 1919.
J. Guttentag, Verlagsbuchhandlung,
G. m. b. H.

Vorwort.

Die vorliegende Schrift lag in den Anfangsgründen vor, als der umfangreichere Kommentar von Dr. Liebrecht zum Gesetz angezeigt wurde. Bei der voraussichtlich nur noch kurzen Lebensdauer des Gesetzes — eine Übernahme der Schadensersatzansprüche bei Tumulten durch den Staat erscheint unabweisbar, nachdem die gegenwärtigen Unruhen erst die mögliche Schadenshöhe gezeigt haben — erschien die Beschränkung der Schrift auf einen geringen Umfang angebracht. Andrerseits erschien sie nicht entbehrlich, nachdem die Stadtgemeinde Berlin ihre Haftung grundsätzlich abgelehnt und die gleiche Stellungnahme den übrigen Mitgliedern des Städtetages angeraten hatte. Der Standpunkt erscheint mir nicht berechtigt. Die vorliegende kleine Schrift will kein Kommentar zum Gesetze vom 11. März 1850 sein, sondern nur kurze Anleitungen geben, die für den Laien, in einzelnen Fällen auch dem mit dem Gesetz befaßten Juristen von einigem Wert sein mögen.

Bei dem grundsätzlichen, die Ersatzpflicht der Gemeinden bei den politischen Unruhen der letzten Tage bejahenden Standpunkt des Verfassers erschien es entbehrlich, auf die Frage der Rechtmäßigkeit des Waffengebrauchs des Militärs bei der Niederkämpfung der Unruhen einzugehen. Sie finden sich in den wesentlich der einschlägigen Schrift von Romen-Rissom entnommenen Ausführungen von Liebrecht S. 17 ff.

Die spärlichen, bisher zu dem Gesetz vorliegenden oberstgerichtlichen Entscheidungen werden bei den geänderten Verfassungsverhältnissen einer genauen Durchsicht bedürfen und z. T. wohl nicht aufrecht erhalten werden.

Berlin, im Februar 1919.

Dr. Bruno Friedlaender,
Justizrat, Rechtsanwalt in Berlin.

Schrifttum.

Meyer, Lehrbuch des Deutschen Verwaltungsrechts, 3. Aufl., Leipzig, Duncker & Humblot, 1910.

Loening, Haftung des Staats, Frankfurt a. M., Rütten & Loening, 1879.

Entscheidungen des Ober-Tribunals, Bd. 74.

Deutsche Jur. Zeitung (DJZ.):

Möricke, Jahrg. 1911, S. 647.

Lindenau, Jahrg. 1919, S. 143.

Gierke, Jahrg. 1919, S. 7ff.

Juristische Wochenschrift (JWSchr.):

Waldecker, Jahrg. 1918, S. 745ff.

Junck, Jahrg. 1919, S. 7ff.

Anschütz, Jahrg. 1918, S. 751.

Lobe, Jahrg. 1919, S. 18.

Eckstein, Jahrg. 1919, S. 137.

Liebrecht, Preuß. Tumultschadengesetz, Berlin, Vahlen, 1919.

Wüsthoff, Die Haftpflicht der Gemeinden und Zuschauer bei Aufruhrschäden, Dortmund, Brügmann 1919.

Oertmann, Bayr. Landesprivatrecht, Halle, Waisenhaus, 1903.

Kisch, Elſ.-Lothring. Landesprivatrecht, Halle, ebenda, 1905.

Dernburg-Wolf, Hess. Landesprivatrecht, Halle, ebda., 1910.

Zink bei Dollmann, Die Gesetzgebung des Königreichs Bayern, Erlangen, Palm & Enke, 1863.

Wallmann, Das Preuß. Strafgesetzbuch, Berlin, F. Berggold, 1869.

Böckel, Landesprivatrecht der Thüringischen Staaten, Halle, Waisenhaus, 1912.

Stenographische Berichte der Ersten Kammer, Bd. I (1849) und Bd. V (1850) (StenBer.).

Ferner die gebräuchlichen Kommentare und Handbücher des BGB. (insbesondere Staudinger), des StGB., des ALR. und die Entscheidungen des Reichsgerichts in Zivilsachen RGZ.) und Strafsachen (RGSt.).

Gesetz, betreffend die Verpflichtung der Gemeinden zum Ersatz des bei öffentlichen Aufläufen verursachten Schadens.

Vom 11. März 1850 (GS. S. 199).

§ 1. Finden bei einer Zusammenrottung oder einem Zusammenlaufe von Menschen durch offene Gewalt oder durch Anwendung der dagegen getroffenen gesetzlichen Maßregeln Beschädigungen des Eigentums oder Verletzungen von Personen statt, so haftet die Gemeinde, in deren Bezirk diese Handlungen geschehen sind, für den dadurch verursachten Schaden.

§ 2. Die im § 1 festgestellte Verantwortlichkeit tritt nicht ein, wenn die Beschädigung durch eine von außen her in den Gemeindebezirk eingedrungene Menschenmenge verursacht worden und in diesem Falle die Einwohner des letzteren zur Abwehr des Schadens erweislich außerstande gewesen sind.

§ 3. Im Falle des § 2 liegt die Entschädigungspflicht der Gemeinde oder den Gemeinden ob, auf deren Gebiet die Ansammlung oder von deren Bezirk aus der Überfall stattgehabt hat, es sei denn, daß auch diese Gemeinden erweislich nicht imstande gewesen wären, den verursachten Schaden zu verhindern.

Mehrere nach den vorstehenden Bestimmungen verpflichtete Gemeinden (§§ 1 und 3) haften dem Beschädigten gegenüber solidarisch.

§ 4. Hat in einer Gemeinde eine Beschädigung der im § 1 gedachten Art stattgefunden, so ist der Vorstand der Gemeinde berechtigt und auf Ansuchen des Beschädigten verpflichtet, den angerichteten Schaden vorläufig zu ermitteln und festzustellen.

Bei dieser Ermittlung sind die Interessenten soweit als möglich zuzuziehen.

§ 5. Wer von der Gemeinde Schadenersatz fordern will, muß seine Forderung binnen 14 Tagen präklusivischer Frist, nachdem das Dasein des Schadens zu seiner Wissenschaft gelangt ist, bei dem Gemeindevorstande anmelden und binnen 4 Wochen präklusivischer Frist nach dem Tage, an welchem ihn der Bescheid des Gemeindevorstandes zugegangen ist, erforderlichenfalls gerichtlich geltend machen.

§ 6. Bezüglich der Entschädigungspflicht derjenigen Personen, welchen eine solche nach Maßgabe der besonderen Gesetze obliegt, wird durch vorstehende Bestimmungen nichts geändert. Der Gemeinde, welche ihrer Entschädigungspflicht Genüge geleistet hat, steht der Regreß an die für den Schaden nach allgemeinen Grundsätzen Verhafteten zu.

§ 7. Bis zum Erlaß eines allgemeinen Gesetzes über eine Gemeinde-, Bürger- oder Schutzwehr sind die Bezirksregierungen ermächtigt, auf den Antrag der Gemeinden die Errichtung eines bewaffneten Sicherheitsvereins anzuordnen.

Zur Geschichte des Gesetzes.

Auf dem altdeutschen, in Frankreich gesetzgeberisch in Übung gebliebenen Grundsatz der Gesamtbürgschaft der Genossenschaft für ordnungswidrige Handlungen ihrer Angehörigen beruhend, ergingen zunächst in Frankreich mehrere Verordnungen und Gesetze, die die Haftung für Tumultschäden auf die Gemeinden abwälzten. Sie fanden ihren Abschluß in dem Dekret vom 10. Vendémiaire des Jahres IV, das in seinem, den Haftungsgrundsatz enthaltenden Titel IV § 1 nahezu wörtlich mit dem preußischen Gesetz übereinstimmt. In Frankreich inzwischen durch Gesetz vom 5./6. April 1884 geändert, hat es in der Metternichschen Zeit als Vorbild für die Gesetze vieler deutscher Staaten gedient, die sich durch die Haftung der Gemeinden, insbesondere ihrer wohlhabenden Bürger, eine Verhütung von Unruhen versprachen. Über die Gesetze der einzelnen Bundesstaaten vgl. Meyer-Dochow, S. 148, Anm. 13, und Gierke, Deutsches Privatrecht, Bd. III, S. 917 ff. Die Gesetze machen teilweise die Gemeinde als solche verantwortlich, zum Teil verlangen sie unmittelbare Umlegung auf die Gemeindeangehörigen. So legt das hessische Recht — das indes der Gemeinde den Beweis offen läßt, daß sie alles getan habe, um die strafbaren Handlungen zu verhindern — die Hälfte der erwachsenden Entschädigungen nach Köpfen auf die volljährigen männlichen Gemeindemitglieder, zur andern Hälfte nach Verhältnis der Steuerkapitalien um (Wolff, Hess. Landesprivatrecht, S. 123).

Ähnlich die Gesetze für Weimar, Altenburg und Reuß j. L. Letzteres Gesetz vom 16. Dezember 1833 — wie erwähnt, erscheinen die Gesetze in ihrer Grundanschauung als einheitlich — ist in seiner Fassung von besonderem Belang, weil es die deliktische Natur der Ersatzansprüche besonders betont: Nachdem es im Eingange die Verpflichtung der Gemeinden und ihrer Mitglieder zur Aufrechterhaltung der Ordnung, rechtzeitigen Entdeckung der Unruhestifter und Beistandleistung bei Unterdrückung von Unruhen festgelegt hat, bestimmt es weiter: „Zur Strafe für diejenigen Gemeinden, welche hierunter ihre Pflichten verletzen und versäumen, wird hierdurch als allgemeine Regel festgesetzt, daß für allen Schaden . . . zunächst die Gemeinde verantwortlich und verbindlich bleibt." Welchen Einfluß diese Auffassung auf die Höhe des zu erstattenden Schadens hat, ist im Text zu prüfen.

Das mit dem preußischen Gesetz ungefähr gleichzeitige bayerische Gesetz vom 5. Mai 1851 läßt der ersatzpflichtigen Gemeinde den Entlastungsbeweis offen, daß die Tumultutanten aus einer andern Gemeinde gekommen seien und von der ersatzpflichtigen an den Beschädigungen nicht gehindert werden konnten, schließt auch die Haftbarkeit dann aus, wenn die zusammengerottete Menge überwiegend aus nicht beurlaubten Soldaten bestand und läßt in letzterem Falle den Staat haften. Es verlangt ferner abweichend von dem preußischen Gesetze „Zusammenrottungen" und „Begehung von Verbrechen und Vergehen durch die Menge" (vgl. hierüber das Nähere im Text).

In Preußen brachte der Abgeordnete Milde einen Gesetzentwurf, betr. die Verpflichtung der Gemeinden zum Ersatze des bei öffentlichen Aufläufen verursachten Schadens, ein

(StenBer., Bd. I, S. 400), der bereits im Jahre 1849 vorlag (wegen der früheren preußischen Bestimmungen vgl. die Anführungen des Abg. Kisker, StenBer., Bd. V, S. 2427). Der Entwurf wurde dann im wesentlichen unverändert, nur durch die Verfahrensvorschriften des § 4 und § 5 und die Bestimmungen des § 7 über Sicherheitsvereine erweitert, am 11. März 1850 (GS. S. 199) als Gesetz veröffentlicht.

Die stenographischen Berichte der 1. Kammer, auf deren Kommissionsbeschlüssen und Beratungen die Fassung des Gesetzes beruht, sind, als den Willen des Gesetzgebers darstellend, nachstehend wesentlich zur Auslegung des Gesetzes herangezogen.

Nach Art. 108 des EG. z. BGB. bleiben die landesgesetzlichen Bestimmungen über die Verpflichtungen zum Ersatze des Schadens, der bei einer Zusammenrottung, einem Auflauf oder einem Aufruhr entsteht, unberührt; die derzeitige Geltung des Gesetzes steht daher außer Zweifel. Die Motive (Mugdan, S. 43) erklären eine reichsrechtliche Regelung zwar für wünschenswert, aber mit Rücksicht auf die obwaltende Verschiedenheit der öffentlich-rechtlichen Einrichtungen, mit welchen die Bestimmungen im Zusammenhange stehen, nicht für tunlich. Aufnahme einer entsprechenden Bestimmung in den Entwurf des BGB. als § 822a unter Aufhebung der Bestimmung des EG. z. BGB wurde in der XII. Kommission abgelehnt, übrigens mit einer, zum Teil mit der Auffassung des preußischen Gesetzes in Widerspruch stehenden Begründung (Mugdan, Bd. I, S. 323).

Gesetz, betreffend die Verpflichtung der Gemeinden zum Ersatz des bei öffentlichen Aufläufen verursachten Schadens.

Vom 11. März 1850 (GS. S. 199).

---

1. Die Überschrift ist unverändert aus dem Entwurf übernommen (StenBer., Bd. V, S. 2440). Sie wählt das Wort „Aufläufe" als offenbar die Begriffe „Zusammenrottungen" und „Zusammenlauf" zusammenfassend. Wesentlicher ist die Betonung, daß nur „öffentliche" Aufläufe, zu denen eine unbestimmte Menge Zutritt hat, die Schadensersatzpflicht der Gemeinde begründet, was aus dem Texte des Gesetzes selbst nicht mit Deutlichkeit hervorgehen würde

§ 1.

Finden bei einer Zusammenrottung oder einem Zusammenlaufe von Menschen durch offene Gewalt oder durch Anwendung der dagegen getroffenen gesetzlichen Maßregeln Beschädigungen des Eigentums oder Verletzungen von Personen statt, so haftet die Gemeinde, in deren Bezirk diese Handlungen geschehen sind, für den dadurch verursachten Schaden.

1. Das Gesetz ist in den 1866 und später zu Preußen gekommenen Landesteilen nicht eingeführt.

2. **Finden . . . statt:** Der unpersönliche Ausdruck will unbeschadet des ursächlichen Zusammenhangs zwischen Schaden

und offner Gewalt, die Substantiierungs- und Beweispflicht des Geschädigten erleichtern. Während das französische Gesetz „délits commis" und das bayerische Gesetz Verbrechen oder Vergehen verlangt, durch die der Schaden verursacht worden ist, sieht unser Gesetz hiervon ab. Es ist daher weder erforderlich, daß eine bestimmte strafbare Handlung behauptet wird, noch daß ein Strafverfahren stattgefunden hat, insbesondere brauchen aber keine bestimmten Täter namhaft gemacht werden.

3. **Bei:** Während auch hier das französische Gesetz verlangt, daß die délits „**par** des attroupements usw." begangen sind, also durch die zusammengerottete Menge selbst, und das bayerische Gesetz, daß Verbrechen oder Vergehen von der Menge oder von einzelnen aus derselben begangen sind, beide also Nachweis der Zugehörigkeit des Täters zu der zusammengerotteten Menge oder die Täterschaft der Gesamtmenge verlangen, sieht das preußische Gesetz davon ab. Es muß lediglich ein zeitlicher und örtlicher Zusammenhang zwischen den Aufläufen und der Beschädigung vorliegen (RGZ., Bd. 67, S. 238). Die Begrenzung wird nicht zu eng gewählt werden. Wenn z. B. während der Berliner Unruhen am Schlesischen Bahnhof in diesem Stadtviertel durch aufständische Soldaten, die in den angrenzenden Stadtvierteln bewaffnet auf Autos herumfuhren, Beitreibungen an Lebensmitteln und dergleichen vorgenommen wurden, so sind diese meines Erachtens — das Vorliegen der übrigen Voraussetzungen des Gesetzes vorausgesetzt — als Schäden im Sinne dieses Gesetzes anzusehen. Anderseits sind Diebstähle und dergleichen, die nur zeitlich und örtlich mit der Zusammenrottung zusammenfallen, nicht ersatzpflichtige Schäden im Sinne dieses Gesetzes, weil es hier schon an dem Erfordernis der offenen Gewalt fehlt. Im einzelnen sind die Grenzen flüssig. Das RGSt., Bd. 20, S. 406 für den strafrechtlichen Landfriedensbruch aufgestellte Merkmal, daß der Teilnehmer an einer Zusammenrottung sich bewußt ist, ein Teil dieser Zusammenrottung zu sein, welche Gewalttätigkeiten begeht, mit dem Willen, als ein

Teil dieser Menge zu verbleiben, ist für den Täter des Schadens im Sinne dieses Gesetzes nicht erforderlich. Der Schaden braucht nicht durch Teilnehmer an der Zusammenrottung verübt zu sein, ebensowenig wie der Geschädigte, demgegenüber unmittelbare Gewalt verübt wird, sich bewußt sein muß, daß der Schädiger ein Teil der zusammengerotteten Menge ist. Dieser innere Vorgang, der bei der räuberischen Erpressung regelmäßig vorliegen wird, ist selbstverständlich zur Klagebegründung nicht erforderlich.

4. **Bei:** Hier gilt wesentlich das in Anm. 3 Gesagte. Auch hier ist im Gegensatz zu anderen Gesetzen statt des Ausdrucks „durch" der weitergehende, unbestimmte Ausdruck gewählt worden. Erforderlich bleibt der zeitliche und örtliche Zusammenhang. Inwieweit verirrte Schüsse Schadensersatzpflicht begründen, wird Tatfrage sein. Einzelne Schüsse, die in abgelegenen Stadtteilen ohne erkennbaren Zusammenhang mit den Zusammenrottungen abgegeben werden, werden eine Ersatzpflicht der Gemeinde für hierdurch verursachte Schäden nicht begründen können, selbst wenn der Täter zwecks Erreichung politischer Zwecke, insbesondere zum Zwecke der Beunruhigung des Stadtteils den Schuß abgegeben haben mag. Anderseits wird man bei verirrten Schüssen der Gemeinde den Beweis auferlegen müssen, daß der an sich zeitlich und örtlich mit den Unruhen in Beziehung stehende Schuß örtlich – etwa der Schußrichtung nach – mit der Zusammenrottung nicht in Verbindung steht (a. M. teilweise Liebrecht, S. 28).

5. **Zusammenrottung:** Das zur Zeit des Erlasses des Gesetzes gültige Strafrecht (ALR. II, 20) erwähnt nur in § 165 die Zusammenrottung mehrerer Menschen. Für den verwandten Aufruhrbegriff erfordert es (§ 165 aaO.), daß eine Klasse des Volks oder die Mitglieder einer Stadt- oder Dorfgemeinde ganz oder teilweise zusammengebracht werden, um sich der Ausführung obrigkeitlicher Verfügungen mit vereinigter Gewalt zu widersetzen oder etwas von der Obrigkeit zu erzwingen. Vorausgesetzt wird auch hier jedenfalls eine

verabredete Vereinigung mehrerer Menschen zu einem gesetzwidrigen Zwecke. Das in seinen Vorarbeiten etwa der gleichen Zeit wie das Gesetz entstammende preußische Strafgesetzbuch vom 14. April 1851 bedingt in § 91 für die Bestrafung des Aufruhrs, daß „mehrere Personen öffentlich sich zusammenrotten" und in § 69 für die Gefangenenmeuterei, daß Gefangene sich zusammenrotten. Für letzteren Paragraph hat das OTr. die Vereinigung von zwei Gefangenen zur Erfüllung des Begriffs der Zusammenrottung für ausreichend erklärt (Wallmann, Anm. 1 zu § 96). Das bayerische Gesetz verlangt Zusammenrottung einer „Menge". Für den Begriff ist hier davon auszugehen, daß die Zusammenrottung im Gegensatz zum Zusammenlaufe auf einer vorherigen Verabredung der Teilnehmer beruhen muß; daß die Zusammenrottung aber zu dem Zwecke erfolgt sein muß, Schaden zu verursachen, ist für den Begriff nicht erforderlich (vgl. die Ausführungen des Berichterstatters Abg. Wallach, StenBer., Bd. V, S. 2432). Es ist auch sehr wohl denkbar, daß eine Anzahl Menschen, ursprünglich zu einem nichtgesetzwidrigen Zwecke versammelt, dann erst den Entschluß gesetzwidrige Handlungen zu begehen faßt und dadurch zu einer „Zusammenrottung" wird. Wieviel Menschen aber zu einer Zusammenrottung gehören müssen, wird Tatfrage sein. Aus dem Ausdruck „Menschenmenge" des § 2 etwas zur Begriffsbestimmung der Zusammenrottung oder des Zusammenlaufs dahin zu folgern, daß eine Menschenmenge Teilnehmerin an ihnen sein muß, erscheint bedenklich. § 2 will eine Ausnahme gegenüber der grundsätzlichen Haftung der Tatortsgemeinde festsetzen, und zwar nur für den Fall, daß die Tatortsgemeinde gegenüber der von außerhalb eingedrungenen Menschen**menge** zur Abwehr außerstande ist. Es ist daher meines Erachtens durch die Wahl des Ausdrucks „Menge" die Zusammenrottung oder der Zusammenlauf negativ dahin qualifiziert, daß zu ihnen eine Menschen**mehrheit** gehört, zur Menge des § 2 aber eine **Vielheit** von Menschen. Aus dem Anlaß des Gesetzes der Revolution von 1848 und der Tatsache, daß damals es sich um Zusammenrottungen größerer Menschenmengen handelte, ist meines Erachtens nichts dafür zu schließen, daß bei Zusammenrottungen einer geringeren Anzahl die Haftung der Gemeinden ausgeschlossen sein sollte (a. M. Liebrecht, S. 10). Gegenüber dem Wortlaut des Gesetzes ist auch bei den Beratungen ein entgegenstehender Wille des Gesetzgebers nicht in die Erscheinung getreten. Übrigens ist auch der Begriff „Menge" ein durchaus dehnbarer; so sieht das BayStGB., Teil I, Art. 319, 332 schon in 10 Personen eine „Menge" (Zink, S. 229). Eine gewisse Unterstützung findet die Annahme, daß eine größere Anzahl von Personen erforderlich ist, in der Wahl des Hauptwortes Zusammenrottung, das auf eine geschlossene Mehrheit hinweist, und in dem Ausdruck „öffentlich" der Überschrift; indes ist die bereits bei den Beratungen durch Abg. Möwes angeschnittene Frage (StenBer., Bd. V, S. 2431) von der Praxis zu lösen. Es dürfte bei Angriffen auf einzelne mitzuberücksichtigen sein, ob die im Tumult auftretende Mehrheit von Menschen ihrer Zahl oder ihrer Bewaffnung nach geeignet ist, den Willen der Entgegenstehenden zu lähmen.

Jedenfalls ist aber nicht erforderlich, daß bei einer Zusammenrottung die in Betracht kommenden Personen sich örtlich unmittelbar nebeneinander befinden. Wenn mehrere aus einem gemeinsamen Handlungswillen sich mit Maschinengewehren, Handgranaten oder dergleichen bewaffnet an verschiedenen Straßenecken aufstellen, so bleiben sie doch „zusammengerottet". In welchem räumlichen Abstande sich dieser Zusammenhang löst, ist Tatfrage.

6. **Zusammenlauf.** Der sehr flüssige Unterschied zwischen Zusammenrottung und Zusammenlauf liegt darin, daß bei ersterer ein **verabredetes** Zusammentreffen — ausdrücklich oder stillschweigend — zu einem gesetzwidrigen Zwecke — ob zu politischem oder anderm Zwecke ist gleichgültig — erforderlich ist (für das gleichlautende französische Recht vgl. Kisch,

S. 352), während der Zusammenlauf auf einem zufälligen Zusammentreffen beruht. Durch die nachträgliche Fassung des Gesamtentschlusses, zu gesetzwidrigen Zwecken überzugehen, wird der Zusammenlauf zur Zusammenrottung. Praktisch ist der Unterschied gleichgültig, da beide im Gesetz gleichgestellt sind. Ein Antrag, die Worte „oder einem Zusammenlaufe" zu streichen, wurde seinerzeit abgelehnt (StenBer., Bd. V, S. 2432). So wurden beispielsweise Schäden durch Beschädigung von Schaufenstern und Waren, verübt durch Gewalt von einer bei einer Illumination zusammengelaufenen Menschenmenge für ersatzpflichtig erklärt (OTr., Bd. 74, S. 124).

7. **Zusammenrottung und Zusammenlauf:** Ob die Ansammlungen aus Zivil oder Militär bestehen, ist gleichgültig. Während das bayerische Gesetz für den Fall, daß die Menge überwiegend aus nicht beurlaubten Soldaten besteht, den Staat haften läßt, fehlt eine derartige Bestimmung hier. Es behält also auch für diesen Fall bei der Haftung der Gemeinden sein Bewenden.

8. **Durch offene Gewalt:** Es ist nicht notwendig, daß die Gewalt durch mehrere Angehörige der Zusammenrottung verübt wird, daß also die Gewalt wie bei § 122 StGB. mit vereinten Kräften verübt wird. Gewalt ist weniger als tätlicher Angriff, eine unmittelbar auf den Körper zielende Einwirkung (§ 114 StGB.) oder unwiderstehliche Gewalt (§ 52 StGB.). Sie erfordert regelmäßig Anwendung oder Androhung körperlicher Kraft; ob unmittelbar durch körperliche Gewalt oder durch Androhung von Waffengewalt oder durch einen willenlosen Gegenstand (Hunde u. dgl., vgl. Olshausen, Anm. 22 zu § 113 StGB.) wird belanglos sein. Erforderlich ist lediglich, daß die angewandte oder angedrohte physische Gewalt geeignet ist, den Widerstandswillen des Betroffenen zu lähmen. (Bei der allgemeinen Fassung und der Absicht des Gesetzes erscheint ein Unterschied zwischen vis absoluta und compulsiva nicht gerechtfertigt.) Aber anderseits erfordert begrifflich die Gewalt einen verbrecherischen

Willen der Menge. Wenn also Menschen, die bei der Zusammenrottung unbeteiligt sind, um Gefahren wie z. B. Schüssen zu entgehen und dergleichen hierbei Fensterscheiben eindrücken oder Haustüren einstoßen, so wird die Gewaltanwendung und damit die Schadensersatzpflicht zu verneinen sein (so Liebrecht, S. 16). Derartige Fälle werden regelmäßig unter den Begriff des Notstandes (§ 54 StGB.) oder mindestens des Notstandes aus § 228 BGB. (wegen des Unterschiedes Staudinger, Anm. 3) fallen. Beweispflichtig für das Vorliegen dieser Ausnahme ist die Gemeinde. Auch Notwehr (§ 53 StGB.) würde die Ersatzpflicht ausschließen, z. B. Abwehr plündernder Banden (Liebrecht, S. 12). Dagegen sind Strafausschließungsgründe, die in der Person des einzelnen Teilnehmers an der Zusammenrottung vorliegen (Strafunmündigkeit, Unzurechnungsfähigkeit, sinnlose Trunkenheit u. dgl.) keine Gründe, die die Ersatzpflicht der Gemeinde ausschließen, da maßgebend der rechtswidrige Wille der Gesamtheit ist, der vielleicht wesentlich in der Person des Leiters vorliegt. Auch von dem Täter selbst fahrlässig begangene Taten können deshalb Ersatzpflicht begründen.

9. Durch **offene** Gewalt: Der Begriff offene Gewalt ist dem Strafrecht sonst fremd. Er ist aus dem französischen Gesetz „a force ouverte" entnommen. Der Begriff „offen" deckt sich nicht mit „öffentlich". Indes bleibt jedenfalls ein unglücklicher Zufall, ein heimlich begangenes Verbrechen, ein Diebstahl, wie sich solche Fälle auch während eines Tumultes ereignen können, ohne mit diesem in einem ursächlichen Zusammenhange zu stehen, von der Ersatzverbindlichkeit ausgeschlossen (Zink, S. 229). Wenn auch „offen" sich nicht mit „öffentlich" deckt, so wird man doch eine gewisse Erkennbarkeit der Gewaltsanwendung für andere Personen, als die Täter und den Betroffenen, verlangen müssen, da ja die Absicht des Gesetzes dahin ging, Außenstehende zur Verhinderung der Gewaltsanwendung zu veranlassen. Anderseits liegt in dem „Offen" eine Betonung des schon Anm. 8 hervorgehobenen

Umstandes, daß es sich bei der Gewalt um Anwendung oder unmittelbare Bedrohung mit **körperlicher** Gewalt handelt, also etwa im Sinne von „offensichtlich“.

10. **Durch** offene Gewalt: Die Schäden müssen unmittelbar durch die Gewaltanwendung herbeigeführt worden sein. Wenn daher z. B. Personen aus Schreck über die an anderen begangenen Gewalttätigkeiten oder aus Angst vor den Tumulten oder Schießereien etwa durch Nervenzufälle, Schlaganfälle oder dergleichen körperlichen Schaden nehmen, so ist dieser, als nicht **durch** die Gewalt herbeigeführt, nicht ersatzpflichtig. Das gleiche gilt, wenn jemand **zur Verhütung** befürchteter Gewaltanwendung, etwa durch Anbringung von Gittern, Rolläden, Anstellung von Wächtern oder Schutzwachen, Aufwendungen macht (vgl. auch unten Anm. 14).

11. **Durch** Anwendung: Bezüglich der unmittelbaren Verursachung der durch die Unterdrückungs- und Abwehrmaßregeln hervorgerufenen Schäden vgl. Anm. 10.

12. **Der dagegen** getroffenen: Das Wort dagegen bezieht sich nicht nur auf die Gewalt, sondern auch auf Zusammenrottung und Zusammenlauf (RGZ., Bd. 67, S. 238). Es genügt also auch, wenn sich — wie in dem dort fraglichen Falle Biewald (Breslau) — die Maßregeln gegen eine noch nicht zu Gewalttätigkeiten übergegangene Zusammenrottung richten, ebenso, wenn Schäden durch Besetzung von Häusern usw. zur Sicherung von Straßen und dergleichen gegen mögliche Überfälle entstehen, immer vorausgesetzt, daß räumlicher und zeitlicher Zusammenhang mit den Unruhen gegeben ist.

13. **Gesetzliche** Maßregeln: Welche Maßregeln als gesetzlich anzusehen sind, richtet sich nach den gesetzlichen Vorschriften zur Zeit ihrer Ergreifung. Welcher Art die nach dem Umfang der Unruhen angeordneten Maßregeln sind, muß gleichgültig bleiben, wenn sie nach pflichtgemäßem Ermessen der anordnenden **Behörde** (vgl. Anm. 13a) zur Unterdrückung der Bewegung erforderlich erscheinen und von ihr angeordnet werden. Es kann insbesondere nichts an der Gesetzlichkeit

der Maßnahmen ändern, wenn Nahkampfmittel, wie Handgranaten oder Flammenwerfer angewandt werden, die zur Zeit der Erlassung der Bestimmungen über den Waffengebrauch unbekannt waren. Es kann bei der durch den Weltkrieg bedingten raschen „Vervollkommnung" unserer Kampfmittel nicht von dem Gesetzgeber verlangt werden, daß er für jedes neu aufkommende Kampfmittel Bestimmungen über seine Anwendung in Friedenszeiten trifft. Ihre Anwendung wird sich vielmehr sinngemäß nach den bestehenden Vorschriften regeln (a. M. Liebrecht, S. 21).

Auch auf den Umfang der Maßregeln, die sich nach dem Umfange der Zusammenrottungen richten wird, kommt es für den Schadensersatzanspruch nach dem, mit dem Willen des Gesetzgebers im Einklang stehenden Wortlaut des Gesetzes nicht an. Der Gesetzgeber wollte, daß die Gemeinden durch ihre Schadenshaftung veranlaßt würden, rechtzeitig die Entwicklung tumultuarischer Zustände zu verhindern (Minister von Manteuffel, StenBer., Bd. V, S. 2429). Wenn Liebrecht an der Hand einer Entscheidung der OAG. Dresden vom 18. Mai 1852 (Seufferts Arch., Bd. 5, S. 390) für die Spartakistenunruhen die Haftung der Gemeinde deshalb verneint, weil sie den Charakter einer Kriegführung hätten (aaO. S. 8 u. 14), so ist dem nicht beizutreten. Die Entscheidung ist nicht auf Grund eines besonderen sächsischen Tumultgesetzes ergangen, sie verkennt auch nicht, daß bei dem Aufstande, der bis zur Aufstellung einer Gegenregierung geführt hatte, den Aufständischen völkerrechtlich die Rolle einer kriegführenden Partei nicht beigemessen werden könne. Trotzdem will sie einen derartigen Aufstand und die hiergegen ergriffenen militärischen Maßnahmen als „inneren Krieg" ansehen und die entstandenen Schäden als Kriegsschäden, weil es sich nicht um sicherheitspolizeiliche Maßnahmen handle. Die Entscheidung ist an sich nicht überzeugend, jedenfalls findet sie in dem Wortlaut des preußischen Gesetzes und seiner Absicht keine Stütze. Dies beweist die Entstehungsgeschichte des Gesetzes. Der

Abg. Kisker wollte durch eine Zusatzbestimmung (StenBer., Bd. V, S. 2434) die Ersatzpflicht der Gemeinde dann ausschließen, wenn die Gemeinde nachweislich alles getan habe, was in ihren und ihrer Mitglieder Kräften stand, um die begangene Gewalttätigkeit zu verhindern. Er begründete sie damit, daß beispielsweise bei dem Belagerungszustand die Gewalt auf die Militärbehörde übergehe, deren Anweisung die Gemeinde lediglich auszuführen habe, wies auch auf den Fall militärischer Emeuten hin. Ohne daß die Kammer zu diesen Ausführungen im einzelnen Stellung nahm, wurde die Zusatzbestimmung abgelehnt. Hieraus geht deutlich hervor, daß auch für diese Fälle der Gesetzgeber die Haftung der Gemeinde aufrecht erhalten wollte, überhaupt auf den Umfang der Bewegung — die Redner nahmen bei Begründung des Gesetzes meist auf die 48er Ereignisse Bezug — keine Rücksicht nehmen wollte (vgl. auch Fußnote S. 22 zu dieser Anmerkung).

Aus dem gleichen Grunde ist es auch meines Erachtens unzutreffend, wenn Liebrecht Schäden aus Anlaß der Demobilmachung (Plünderungen und dergleichen) für nicht ersatzpflichtig erklärt, solange sie von noch unter militärischem Kommando stehenden Soldaten — soll wohl sagen: noch nicht entlassenen — während des Kriegszustandes begangen werden. (Wobei übrigens bemerkt wird, daß der allgemeine Belagerungszustand durch den Aufruf des Rats der Volksbeauftragten vom 12. November 1918, RGBl. Nr. 153, aufgehoben ist.) Es kann sich hier immer nur um außerdienstliche Taten von Soldaten handeln, da andernfalls keine „Zusammenrottungen" anzunehmen sein werden.

Zweifelhafter wird die Frage, ob die Unruhen an der Ostgrenze unter dieses Gesetz fallen. Handelt es sich hier um irreguläre Banden, die durch Sendboten der polnischen Regierung zum Zwecke der Eroberung und Abtrennung deutscher Gebiete, wenn auch aus deren Bewohnern, gebildet und militärisch organisiert sind, so wird man sie nicht als „Zusammenrottungen" im Sinne dieses Gesetzes, sondern als im Dienste und Solde einer fremden Macht stehend anzusehen haben. Die durch sie verursachten Schäden sind dann keine solchen im Sinne dieses Gesetzes. Regelmäßig wird sich hier auch die in Anspruch genommene Stadtgemeinde durch Berufung auf § 2 dieses Gesetzes von der Ersatzpflicht befreien können. Bei örtlichen Unruhen, wenn auch auf nationalpolnischer Grundlage beruhend, kann allerdings auch hier eine Ersatzpflicht der Gemeinde in Frage kommen[1]).

Daß der Gesetzgeber an Unruhen, wie die gegenwärtigen, vielleicht nicht gedacht hat, kann die Anwendung des Gesetzes nicht ausschließen, nur für die künftige Gesetzgebung von Belang sein.

13. a) **Gesetzliche**: Während regelmäßig die Anordnungen von den Leitern der Sicherheitsorgane in den Schranken des

---

[1]) Wegen des Verhältnisses zum Gesetz, betr. Feststellung von Kriegsschäden (RGBl. S. 675, vgl. Lindenau, DJZtg., Bd. 19, S. 143; der übrigens auch die Haftpflicht der Gemeinden anläßlich der Schäden der Spartakusunruhen bejaht, und wegen des Begriffs „Kriegsschaden" auch RG. in JWSchr., 1919, S. 109, Nr. 14). Der Grad der Bewaffnung der Tumultuanten ist belanglos.

Wenn nach Zeitungsberichten das Auswärtige Amt im Februar 1919 in einem Landesverratsprozeß gegen ehemalige deutsche Heeresangehörige eine Auskunft dahin erteilt hat: „Die auf Loslösung deutscher Landesteile gerichteten und mit den Waffen in der Hand durchgeführten Bestrebungen in Schlesien, Posen und Westpreußen sind nicht als Kriegführung anzusehen", so ist diese Auskunft wohl für den Strafprozeß wegen Vorsatzes bzw. Irrtums der Täter maßgeblich. Für den bürgerlichen Rechtsstreit wird sie den Richter im Einzelfalle nicht von der Prüfung befreien, ob die dortigen Vorgänge als Ausfluß der Kriegführung mit der fremden Macht Polen — eine Kriegserklärung ist für das Bestehen des Kriegszustandes nicht erforderlich — anzusehen sind oder nicht.

Gesetzes getroffen werden (RGZ., Bd. 67, S. 239), so schließt dies nicht aus, daß in besonderen Fällen die Zentralregierung selbst die erforderlichen Maßregeln trifft. Wenn auch die Frage, auf welcher rechtlichen Grundlage die Regierungsgewalt des Rates der Volksbeauftragten und des Vollzugsausschusses des Arbeiter- und Soldatenrats beruht (erstere auch unter „Reichsregierung" auftretend), nicht geklärt ist (vgl. Waldecker, JWSchr., 1918, S. 745 ff.), so wird man doch davon auszugehen haben, daß sie tatsächlich im Besitz der Staatsgewalt sind.

„Im Besitze sein, heißt hier im Rechte wohnen; allen legitimistischen Bedenken gegenüber wird immer daran festgehalten werden müssen, daß die Befugnis zur Ausübung der Staatsgewalt nicht durch den rechtmäßigen Erwerb, sondern nur durch den tatsächlichen Besitz derselben bedingt ist. Der Reichsregierung steht . . . die ganze Reichsgewalt in ihren ganzen Betätigungsmöglichkeiten zu, als vollziehende, richterliche und auch als gesetzgebende und verfassungsändernde Gewalt. Von Gewaltenteilung und konstitutionellen Beschränkungen ist vorerst keine Rede . . . (Die Anführungen bezüglich der Arbeiter- und Soldatenräte und ihres Vollzugsausschusses und der Abhängigkeit der Reichsregierung von ihnen haben für das vorliegende Gesetz nur eine Innenwirkung für das Verhältnis beider Organe zueinander.) (Anschütz, JWSchr., 1918, S. 751.) „Solange wir noch keine Verfassung haben, leben wir in einem werdenden Staat. Dem Rat der Volksbeauftragten haben sich die Behörden und das Heer zur Verfügung gestellt, die Arbeiter- und Soldatenräte ganz Deutschlands — mit vereinzelten Ausnahmen örtlicher Organisationen — haben sie als Regierungsorgan anerkannt. Solange sie diese Macht innehaben, müssen sie für berufen erachtet werden, in der von ihnen beherrschten Gemeinschaft Ordnung, d. h. Recht zu schaffen" (Lobe in JWSchr., 1919, S. 18). So auch BayObstLdg. in JWSchr., 1919, S. 116, Nr. 4, und Junck in JWSchr., 1919, S. 76.

Wird man hiernach die von dem Rat der Volksbeauftragten und dem Vollzugsrat angeordneten Maßnahmen zur Unterdrückung der Spartakistenunruhen sowohl, wie der polnischen Aufstände, als von der zuständigen Gewalt angeordnet ansehen müssen, so kann man bei der Sachlage auch ihre Befugnis nicht bestreiten, die Sicherheitsmaßnahmen bei dem Umfange der Unruhen selbst zu treffen, statt sie den an sich gesetzlich zur Gewährleistung der öffentlichen Ordnung berufenen Polizeibehörden, die ihr Recht erst von dem der Zentralbehörde ableiten, zu überlassen, auch anzuordnen, daß das Militär bei dem Umfang der Unruhen, dem teilweisen Versagen, ja Gegenarbeiten der örtlichen Polizeibehörden (Berliner Fall Eichhorn), auch ohne Anrufen der örtlichen Polizeibehörden einzugreifen hat und, soweit nach dem Ermessen der Militärbefehlshaber erforderlich, auch von der Waffe — nicht nur von der blanken Waffe, sondern von allen Angriffs- und Verteidigungsmitteln — Gebrauch zu machen hat. Für derartige Zeiten, in denen die gesetzlichen und verfassungsgemäßen Grundlagen erschüttert, wenn nicht durch die Bekanntmachung vom 12. November 1918 aufgehoben sind, wird man die rein formellen Bestimmungen über den Waffengebrauch, bei denen nur an geringfügige Unruhen gedacht ist, als nur, soweit nach der Sachlage möglich, anwendbar erklären müssen. Dies wird für gegenwärtige Zeiten nur in seltenen Fällen zutreffen.

Wird man also die Sicherheitsmaßnahmen der Zentralbehörden und das auf Grund derselben erfolgte Eingreifen regelmäßig als gesetzmäßig erklären müssen — eine Rechtwidrigkeit der Maßnahmen im Sinne der bewußten rechtswidrigen Handlung der Behörden oder der militärischen Organe wird daher im Einzelfalle die haftbare Gemeinde beweisen müssen —, so führen die gleichen Erwägungen dazu, auch die Maßnahmen der örtlichen Behörden, insbesondere der örtlichen Arbeiter- und Soldatenräte, soweit sie zur Unterdrückung der Zusammenrottung getroffen sind, insoweit als gesetzmäßig zu erklären, als sie im Einzelfalle als Organe der Zentralregierung anzusehen sind. (Wenn Gierke, DJZ., 1919, S. 7ff. unter Bejahung der Haftung der Gemeinden die gegenwärtigen Gewalthaber nicht als Organe des Reichs, sondern als Usurpatoren ansehen und sie damit deliktisch haftbar machen will für ihre dann rechtswidrigen Handlungen, so ist dem nach obigem nicht beizupflichten. Wie er selbst ausführt, würde die Durchführung der Ansprüche zurzeit kaum ernstlich möglich sein; es ist auch mit der auf Grundlage ihrer Maßnahmen erfolgenden Errichtung der neuen Reichsverfassung eine Legalisierung derselben als erfolgt anzusehen, soweit nicht etwa bewußte Rechtswidrigkeiten vorgenommen worden sind. Ob diese nachträgliche Legalisierung auch in dem Umfange erfolgen würde, daß auch eine Haftbarkeit des Reichs für die etwaigen — bewußt — rechtswidrigen Eingriffe der Zwischenorgane begründet würde, bleibt abzuwarten. Abgesehen davon, daß die Begründung im Einzelfalle auf Schwierigkeiten stoßen wird, fallen diese Erwägungen aus dem Rahmen des preußischen Tumultgesetzes im allgemeinen heraus. Ein greifbares Ergebnis ist kaum zu erwarten, da die Verletzung einer Amtspflicht durch diese Zwischenorgane kaum zu erweisen sein wird.)

13. b) **Gesetzliche:** Für „normale" Unruhen gibt das Reichsgericht (RGZ., Bd. 67, S. 239) — bereits oben erwähnt — folgende Richtschnur: „Die Maßregeln sind die Anordnungen, die von den Leitern der Sicherheitsorgane in den Schranken des Gesetzes getroffen werden und von den Exekutivbeamten zu befolgen sind. Soweit sich die Exekutivbeamten überhaupt im Rahmen der getroffenen Maßregeln bewegen, sind die Gemeinden für die von ihnen herbeigeführten Beschädigungen und Verletzungen haftbar, auch wenn sie in fahrlässiger Überschreitung ihrer Befugnisse handeln."

Welches die Sicherheitsorgane, die zu den Anordnungen berufen sind, sind, bestimmt sich nach den zur Zeit der Unruhen maßgebenden Gesetzen, die aber — wie Anm. 13a erwähnt — bei den durch Umwälzung von 1918 hervorgerufenen Unruhen größeren Umfanges nur beschränkt zur Anwendung gelangen können. Die Einrichtung eines gemeindlichen Sicherheitsvereins gemäß § 7 des Gesetzes dürfte wohl nirgends mit erheblicher Wirkung erfolgt sein. Bezüglich der unter dem Minister des Innern als Zentralpolizeibehörde und dem Regierungspräsidenten — in Ausnahmefällen dem Oberpräsidenten — als Landespolizeibehörde stehenden, nach Stadt und Land und den Provinzen verschiedenen Polizeibehörden vgl. Hue de Grais, Handbuch d. Verf. u. Verwaltung, und Liebrecht, S. 17.

Über die Haftung des Staates und der Kommunalverbände und Konfliktserhebung vergleiche preußisches Gesetz über die Haftung des Staates und anderer Verbände für Amtspflichtverletzungen von Beamten bei Ausübung der öffentlichen Gewalt vom 1. August 1909 (GS. S. 691) insbesondere §§ 1, 2, 6, und wegen der Anwendung der Landesgesetze auf Militärpersonen und den Reichsfiskus hinsichtlich der hier fraglichen Haftung (RGZ., Bd. 54, S. 202 u. Bd. 55, S. 172, Art. 77 EG. z. BGB.) und wegen Haftung der Soldatenräte Eckstein in JWSchr. 19 S. 137.

Wegen der Vorschriften über Zuziehung des Militärs bei inneren Unruhen vgl. Romen-Rissom, Waffengebrauch und Festnahmerecht des Militärs; Liebrecht, S. 18ff.

14. **Maßregeln:** Welche Maßregeln gegen die Zusammenrottungen — das Wort „dagegen" bezieht sich nicht nur auf „offene Gewalt" — getroffen werden und ob sie von der Polizeibehörde oder von dem zur Unterstützung zugezogenen Militär getroffen sind, ist für die Schadensersatzpflicht gleichgültig immer im Rahmen der Anm. 13 erläuterten Einschränkung, daß sie „gesetzlich" sein sollen. Aber auch fahrlässige Überschreitung der Befugnisse durch die Unterorgane im Rahmen der getroffenen Anordnungen schließt die Haftung der Gemeinden nicht aus (RGZ., Bd. 67, S. 239). In Frage kommen auch Maßregeln, die nach Beendigung der Unruhen und in unmittelbarem Anschluß an sie zur Verhütung oder bei drohenden

Unruhen getroffen werden. Der mittelbare Schaden, der jedoch bei solchen Vorbeugungsmaßregeln, etwa Kundschaftsverlust durch angeordnete Schließung von Läden, Gastwirtschaften u. dgl., ist meines Erachtens nicht ersatzfähig.

15. **Beschädigungen** des Eigentums: Sie umfassen naturgemäß neben den reinen Beschädigungen, das ist gewaltsame Eingriffe in die Substanz der Sachen oder deren Veränderung und Wertminderung, auch deren völlige Zerstörung, unbeschadet des Unterschiedes wegen der Wiederherstellung aus §§ 249, 251 BGB.

16. Beschädigungen des **Eigentums**: Die Auslegung der **Begriffe** des Gesetzes hat mangels anderer Unterlagen aus dem zur Zeit seiner Erlassung geltenden allgemeinen Rechtssprachgebrauch, d. h. dem des allgemeinen Gesetzes, zu erfolgen. Im Gegensatz zu § 903 BGB. gibt es gemäß § 1 ALR. I, 8 hier Eigentum an Rechten, so daß an sich nicht nur Beschädigungen von Sachen, sondern auch solche von Rechten zum Schadensersatz berechtigen würden. Hierbei kommen drei Arten von Rechten in Betracht:

a) Rechte, mit denen ein Anspruch auf Gebrauch oder Gebrauch und Nutzung einer Sache verknüpft ist, insbesondere Miet-, Pacht- und Nießbrauchsrechte, auch Altenteilswohnrechte u. dgl.;

b) dingliche Rechte, insbesondere Pfand- und Hypothekenrechte u. dgl.;

c) rein persönliche Ansprüche, wie Geldforderungen u. dgl.

Da das Gesetz nicht angibt, wer den Schadensersatz zu fordern berechtigt ist, so wird man als Forderungsberechtigten den „Geschädigten" ansehen müssen, d. h. derjenige, dessen Rechtssphäre „dadurch" — durch die schädigenden Handlungen — beeinträchtigt worden ist, ev. die Versicherungsträger der Sozialversicherung gemäß § 1542 RVO. Daß der geschädigte „Eigentümer von Rechten" daneben auch Vertragsansprüche gegen einen anderen, z. B. der Mieter gegen den Vermieter auf Überlassung gebrauchsfähiger Mietsräume, der Hypothekengläubiger einen ev. Anspruch gegen die Versicherungsgesellschaft gemäß § 1129 BGB. hat, macht für die hier fragliche Geltendmachung des außervertraglichen Schadens nichts aus. Bei Vorliegen der übrigen Voraussetzungen des Gesetzes wird daher der Eigentümer eines der Rechte zu a seine Ansprüche unmittelbar gegen die Gemeinde geltend machen können. Diese werden z. B. bei dem Mieter eines zerstörten Gebäudes in dem Unterschied des Mietszinses der gleichwertigen neuen Wohnung gegen den Mietszins der bisherigen Wohnung — seine Ersatzansprüche wegen zerstörter Möbel ergeben sich aus dem Eigentum an Sachen — bestehen, bei einer Beschädigung des Mietshauses in dem Mietswert der der Nutzung entzogenen Räume (soweit er diese Ansprüche durch Mietsminderung dem Vermieter gegenüber geltend machen kann, wird er sich zweckmäßig hierauf beschränken und Geltendmachung der Ansprüche an die Gemeinde dem Vermieter überlassen), in dem Anspruch auf Wiederherstellung und schließlich ev. in dem Mietspreise der notwendigen Interimswohnung. Der Nießbraucher wird Ersatz der entzogenen Nutzungen und Wiederherstellung bzw. Ersatz der Sache verlangen können usw.

Der dinglich Berechtigte wird Ersatz der Minderung seiner Sicherheit verlangen können, so der Pfandgläubiger Hinterlegung des Wertes des untergegangenen Pfandes oder bei vertretbaren Sachen Übergabe einer gleichartigen Sache gemäß des Pfandvertrages, der Hypothekengläubiger Hinterlegung des Wertes des zerstörten, ihm für seine Hypothek mitverhafteten Gebäudes bzw. bei Beschädigung der Wertminderung. Zahlung der Hypothekenzinsen kann er dagegen nicht verlangen, wenn auch durch die Zerstörung des Gebäudes und den hierdurch bedingten Nichteingang der Mieten der persönlich verhaftete Eigentümer seine Zahlungen eingestellt hat; hier wird die Kausalität zwischen der schädigenden Handlung und der Zahlungsunfähigkeit zu verneinen sein, da das Fehlen anderer Zahlungsmittel nicht auf die Zerstörung des Pfandgrundstücks zurückzuführen ist.

Bei den rein persönlichen Ansprüchen, sei es auf Lieferung einer unvertretbaren Sache (der Verkaufskommittent beim Kommissionsgeschäft, der Einlagerer des Lagergeschäfts usw. sind Eigentümer der zerstörten Sache und können auf Grund ihres Eigentums unmittelbare Schadensersatzansprüche stellen); wegen der an ihre Stelle tretenden Geldsumme, sei es auf Lieferung einer vertretbaren Sache oder Zahlung einer Geldsumme, können meines Erachtens bei eingetretener Leistungsunfähigkeit des Schuldners ebenfalls aus dem vorangegebenen Grunde wegen mangelnder Kausalität keine Ersatzansprüche gegen die Gemeinde stellen, doch wird die Entscheidung vielfach Tatfrage sein.

Neben den in ihrem Recht Geschädigten wird regelmäßig der Schuldner einen selbständigen Anspruch gegen die Gemeinde auf Befreiung von den obigen Ansprüchen haben. Sind beide gleichzeitig anhängig, so wird der Prozeß des Schuldners zweckmäßig gemäß § 148 ZPO. ausgesetzt werden.

Das Klagerecht des Eigentümers von Sachen hat keine rechtlichen Besonderheiten.

17. **Verletzungen** von Personen umfassen auch deren Tötung.

18. So **haftet die Gemeinde:** Sie haftet zivilrechtlich im Wege der Klage vor dem ordentlichen Gericht gemäß § 5 des Gesetzes. Sie haftet gesamtschuldnerisch mit anderen aus den gleichen Vorgängen Haftbaren vorbehaltlich ihres Regresses aus § 6 des Gesetzes. Die „Gemeinde" haftet, also die Stadt oder Landgemeinde, dagegen nicht die Gutsbezirke. Dies wird aus der Fassung des Gesetzes, das die Gutsbezirke nicht ausdrücklich erwähnt, zu folgern sein. Gegen eine ausdehnende Auslegung spricht der Grundgedanke des Gesetzes. Die öffentlichen Lasten des Gutsbezirks trägt der Gutsherr (§ 122 LGO. v. 3. 7 91); da die Haftbarkeit der Gemeinden ja gerade auf dem Unterlassen des Zusammenwirkens der steuerpflichtigen Bürger bei Verhütung und Unterdrückung der Unruhen beruht, fällt dieser Rechtsgrund für die Gutsbezirke fort. Zweck-

verbände haften nicht. Die Gemeinde selbst haftet mit ihrem Vermögen; eine Haftung der Gemeindemitglieder durch besondere Umlagen der Schadenssumme, wie sie in Gesetzen anderer Bundesstaaten vorgesehen ist, kennt das Gesetz nicht.

18. In deren **Bezirk** diese Handlungen **geschehen** sind: Entscheidend ist der Ort, wo die schädigende Handlung begangen ist, nicht der, in dem der Erfolg eingetreten ist. Wird durch einen in einem Ort abgegebenen Schuß ein Mensch oder eine Sache in einer Nachbargemeinde verletzt, so haftet die erstere (Gruchot, Bd. 36, S. 1079).

19. **Handlungen:** Der Ausdruck ist sprachlich auf „Beschädigungen des Eigentums oder Verletzungen von Personen" zu beziehen.

20. Für den **dadurch** verursachten Schaden: Die Frage der Kausalität ist unten näher behandelt.

Wegen des Umfanges des Schadensersatzes wird jedoch unter Berücksichtigung der Lehre vom adäquaten Kausalzusammenhang, da nach unserer Anm. 22 die Gemeinde nur auf Grund von Fahrlässigkeit haftet, anzunehmen sein, daß sie für den „mittelbaren" Schaden nur insoweit im Rahmen des Kausalzusammenhanges mit dem schädigenden Ereignis haftet, als erfahrungsgemäß regelmäßig aus der schädigenden Handlung solche Folgen entstehen, nicht aber für solche Folgen, welche erst durch Hinzutreten nicht regelmäßiger Ereignisse oder durch eine nicht gewöhnliche Beschaffenheit der Person oder Sache entstehen. Die allgemeinen Grundsätze der Lehre des Schadensersatzes hier zu erörtern, liegt nicht im Rahmen dieser Ausführungen.

21. **Verursachten:** Ob der Ausdruck dahin geht — sprachlich im Gegensatz etwa zu „bewirktem" oder „stattgefundenem" Schaden —, daß aller Schaden zu ersetzen ist, der seine Ursache in dem schädigenden Ereignis findet, wenn auch der Erfolg erst durch andere hinzugetretene Ereignisse eingetreten ist, daß er also ausdrücklich die Ersatzpflicht auch für mittelbaren Schaden festlegen will, kann dahingestellt bleiben, da die Ersatzpflicht

für diese Schäden (oben Anm. 20) schon aus allgemeinen Grundsätzen zu folgern ist.

22. **Schaden** (rechtliche Unterordnung): Der Umfang, in welchem Schadensersatz zu leisten ist, hängt davon ab, ob die hier den Schadensersatz begründende schädigende Handlung als deliktischer Natur anzusehen ist oder nicht. Der Gesetzgeber selbst war sich über die Schwierigkeit der rechtlichen Begründung der Ersatzpflicht gegenüber den Gemeinden nicht im Zweifel. So führte der Abg. Wachler (StenBer., Bd. V, S. 2428) aus: „In rechtlicher Beziehung läßt sich meines Erachtens die in dieser Vorlage ausgesprochene Verpflichtung der Gemeinde und der einzelnen Gemeindemitglieder . . . in keiner Weise rechtfertigen.“ Er vermißt einen Zusammenhang zwischen einer schädigenden Handlung der Gemeinde und ihrer Ersatzpflicht.

Vorauszuschicken ist hier, daß meines Erachtens die rechtliche Unterordnung des Schadens nach dem Gesetze selbst bzw. dem ALR. zu beurteilen ist, während sich Inhalt und Umfang des Schadensersatzes nach BGB. regelt (entsprechend auch RGZ., Bd. 92, S. 237).

Wenn auch die Zusammenrottung regelmäßig als strafbare Handlung anzusehen ist, so trifft dies bei dem Zusammenlauf nicht zu. Durch das für den Schadensersatz vorliegend weiter gestellte Erfordernis der Verursachung durch offene Gewalt, wird für die durch diese verursachten Beschädigungen regelmäßig das deliktische Moment für den Täter selbst gegeben sein. Dies trifft aber nicht zu für die durch die Abwehrmaßregeln verursachten Schäden (abweichend zum Teil die französische Rechtsprechung, Zink, S. 231, Anm. **)

Den Rechtsgrund der Haftung der Gemeinde für die schädigende Handlung, die nicht notwendig, in größeren Gemeindevereinigungen wie Groß-Berlin nicht einmal regelmäßig, von ihren Einwohnern verursacht sein wird, ist singulärer Art. Möricke (DJZ., Bd. 11, S. 647) will rein volkswirtschaftliche Erwägungen in dieser Abwälzung unverschuldeten Schadens auf die Gesamtheit als maßgebend ansehen und aus der reinen

Tatsache der Schadenszufügung an den einzelnen die Gesamthaftung aller Bürger entstehen lassen. Also hier eine rein tatsächliche Begründung.

Der damalige Minister des Innern von Manteuffel stellte zwei Rechtsgründe wahlweise auf: Entweder das Unterlassen der Betätigung der Verpflichtung zu der durch das Zusammenleben in der Gemeinde begründeten nachbarlichen Hilfe oder eine „gemeinschaftliche Assekuration" dahin, daß die Mitglieder einer Gemeinde gemeinschaftlich den Schaden tragen, den eines ihrer Mitglieder durch andere Personen aus ihrer Mitte erleidet (StenBer., Bd. V, S. 2427). Auch der Abgeordnete Kisker erkannte an (ebenda), daß die Schadensersatzverpflichtung sich privatrechtlich schwer begründen ließe, und begründet sie rein aus politischen Zweckmäßigkeitsgründen. Entscheidend für die Annahme einer Schadensersatzpflicht aus unerlaubter Handlung ist aber meines Erachtens die Begründung des Ministers von Manteuffel (aaO. S. 2429). „Das Wichtigste ..., was für das Gesetz spricht, ist gerade der Umstand, daß die Gemeinde in Zeiten auf die Bewegung aufmerksam gemacht wird, daß sie es nicht bis zum Ausbruch, zum Eklat kommen läßt, daß sie die drohende Gefahr des Gemeindeschadens im Auge behält und daß sie bei Erwägung und Anwendung der Mittel zur Abwendung dieser Gefahr bei allen Wohlgesinnten in der Gemeinde Unterstützung findet, die Entwicklung des tumultuarischen Zustandes verhindert ...", also ein pflichtwidriges Unterlassen der Vorbeugungsmaßregeln — ob sie allerdings unter den jetzigen Verhältnissen überhaupt in der Lage ist, die Bewegung im Keime zu unterdrücken, steht auf einem andern Blatt. Von den Erwägungen des Gesetzgebers ausgehend wird man daher, gleichviel ob man die schädigende Handlung selbst als unerlaubte Handlung ansieht — also auch die durch die Abwehrmaßregeln hervorgerufenen Schädigungen — die Gemeinde als aus fingierter unerlaubter Handlung im Sinne des § 11 ALR. I, 6 haftbar erklären müssen, wegen fingiert-schuldhafter Nichtverhütung der Tumulte. Hiernach gelangen (a. M. Liebrecht, S. 26) die Vorschriften der §§ 823 ff. BGB. zur Anwendung. Siehe auch unter Anm. 8 zu § 3 und Anm. 6 zu § 5.

Der zweite Rechtsgrund der „Assekuration" — Haftung der leistungsfähigen Gemeinschaft für Schaden des einzelnen — vergleichbar einer Zwangsversicherung auf Gegenseitigkeit — (Wolff, § 49 I) tritt gegenüber dem ersten Grunde zurück, da er nur die Abwälzung der nach Vorstehendem entstehenden Schäden auf die Gesamtheit begründen will, ohne die Höhe des abzuwälzenden Schadens zu bestimmen.

Die Abwälzung findet eine gewisse Analogie in den Zuschüssen des Reichs — also der Gesamtheit der Steuerzahler — zu den Renten der Sozialversicherung.

23. **Schadenshöhe:** Bemißt man nun die Höhe des Schadens nach den Vorschriften des BGB. über unerlaubte Handlungen — a. M. Liebrecht, S. 25 f. (wegen der Nichtanwendbarkeit der Bestimmungen des ALR. I, 6 vgl. das dort angeführte Schrifttum) —, so gilt folgendes:

Grundsatz ist, daß derjenige Zustand herzustellen ist, der bestehen würde, wenn der zum Ersatz verpflichtende Umstand nicht eingetreten wäre, also möglichst vollkommener Ausgleich der Minderung von Werten (Staudinger, Vorbem. 1 zu §§ 249—255 BGB.). Hieraus ergibt sich

a) bei Körperverletzung von Personen:

bei Aufhebung der Erwerbsfähigkeit des Verletzten oder ihrer Minderung oder einer Vermehrung seiner Bedürfnisse: Geldrente ev. Abfindung durch Kapital gemäß § 843 BGB. und Schmerzensgeld aus § 847 BGB.;

b) im Falle der Tötung: Beerdigungskosten gemäß § 844 BGB. Abs. 1, und Geldrente an die Unterhaltsberechtigten für die mutmaßliche Lebensdauer des Getöteten gemäß Abs. 2 daselbst (a. M. auch Ruer in PrVerwBl. 1910, S. 113 f.);

c) gesetzliche Pensionen sind von dem Rentenbetrage zu kürzen, nicht aber solche, die auf Grund eines privaten Versicherungsvertrages anfallen;

d) solche Personen, die kraft Gesetzes von dem Verletzten Dienste zu beanspruchen hatten im Hauswesen oder Gewerbe (Ehegatten, eheliche unterhaltsberechtigte Kinder), können für die entgangenen Dienste Geldrente ev. Kapitalsabfindung verlangen (§ 845 BGB.);

e) für Inhalt und Umfang des Schadens im allgemeinen gelten die Bestimmungen der §§ 249ff. BGB.;

f) bei Beschädigungen einer Sache: ev. früherer Zinsbeginn für den Wertersatz auch ohne Verzug nach § 849 BGB.;

g) Verjährungsfrist für die auf unerlaubter Handlung beruhenden Schadensersatzansprüche gegen die Gemeinde drei Jahre von Kenntnis des Schadens an, unbeschadet der Anmeldepflicht und der Klagefrist aus § 5 d. Ges.;

h) bei mitwirkendem Verschulden des Geschädigten: Minderung oder Wegfall der Ersatzansprüche gemäß §§ 254, 846 BGB., bei d auch dann, wenn ein Verschulden des Dienstberechtigten — insbesondere auch durch Unterlassung der Abwendung oder Minderung des Schadens — mitgewirkt hat. Bei Verletzungen von Personen, die auf Seite der Tumultuanten an den Unruhen teilgenommen haben, wird hiernach regelmäßig ein Ersatzanspruch ausgeschlossen sein; inwieweit bei solchen, die sich **zufällig** in den Zusammenläufen befanden, wird Tatfrage sein. Siehe jedoch Verordnung vom 17. August 1835 und Anm. 2 zu § 6. (A. M. Wüsthoff, S. 15.)

24. Bemessung des Schadens: Wie oben zu e erwähnt, ist der Schadensersatz aus §§ 249ff. BGB. zu bemessen, und zwar nach der diesseits angenommenen Ersatzpflicht der Gemeinde aus der schuldhaften Unterlassung der Verhütungsmaßregeln in dem Umfange der fahrlässigen Verursachung **gemäß §§ 823ff. BGB. Die §§ 299ff. BGB. sind jedoch allein**

maßgebend, wenn man mit Liebrecht die Anwendbarkeit der §§ 823ff. BGB. verneint (vgl. auch oben Anm. 16 u. 20). Regelmäßig also Ausgleich des entstandenen Schadens durch Herstellung eines wirtschaftlich dem früheren gleichwertigen Zustandes, bei Zerstörung oder Beschädigung einer vertretbaren Sache, z. B. Lieferung einer gleichartigen.

Bei Verletzung einer Person Kurkosten — ev. Begräbniskosten — und Geldrente für geminderte Erwerbsfähigkeit nach Maßgabe der voraussichtlichen Erwerbszeit. Wahlweise bei Verletzung von Personen oder Beschädigung von Sachen, Herstellung oder der dazu erforderliche Geldbetrag. Geldentschädigung grundsätzlich, wenn die Herstellung nicht möglich ist, z. B. bei Zerstörung unvertretbarer Sachen, oder wenn die Herstellung zur Entschädigung des Geschädigten nicht ausreicht. Eventueller Anspruch auf Befreiung von Ersatzverpflichtungen Dritten gegenüber.

Der Geschädigte kann der Gemeinde eine angemessene Frist — Angemessenheit hat er zu beweisen — zur Herstellung mit der Erklärung bestimmen, daß er nach deren Ablauf Herstellung ablehne und Geldentschädigung verlange. Mit dem **Ablauf** der Frist ist der Anspruch auf Herstellung ausgeschlossen, es besteht dann nur noch der Anspruch auf Geldentschädigung. Ersatz für die bis zur Herstellung bzw. dem Fristablauf entgangenen Nutzungen, soweit nicht durch die Zinsen abgegolten. Entgangener Gewinn ist zu ersetzen, welcher nach dem gewöhnlichen Verlauf der Dinge oder nach den gewöhnlichen Umständen, insbesondere nach den getroffenen Anstalten und Vorkehrungen, mit Wahrscheinlichkeit erwartet werden konnte. Es fallen also mögliche Zufallsgewinne fort, ebenso gesetzwidrige, wenn auch mit Sicherheit zu erwartende Gewinne, z. B. durch Verkauf von Schleichhandelswaren zu die gesetzlichen Höchstpreisen übersteigenden Verkaufspreisen. Im einzelnen entscheidet freies richterliches Ermessen. **Wegfall bei mitwirkendem Verschulden des Geschädigten oder Minderung des Ersatzanspruchs** s. oben Anm. 23 h.

25. Beweislast: Der Ersatz fordernde Kläger hat zu beweisen:

a) die Beschädigung bzw. Verletzung,

b) daß die Handlung im Bezirk der beklagten Gemeinde geschehen ist,

c) daß Zusammenrottungen oder Zusammenläufe stattfanden,

d) daß die schädigende Handlung in örtlichem und zeitlichem Zusammenhang mit diesen steht,

e) daß der Schaden in ursächlichem Zusammenhang mit der offenen Gewalt oder den Gegenmaßregeln steht,

f) die Höhe des Schadens.

Die Gemeinde hat exkulpierend zusammentreffendes Verschulden des Klägers zu beweisen.

§ 2.

Die im § 1 festgestellte Verantwortlichkeit tritt nicht ein, wenn die Beschädigung durch eine von außen her in den Gemeindebezirk eingedrungene Menschenmenge verursacht worden und in diesem Falle die Einwohner des letzteren zur Abwehr des Schadens erweislich außerstande gewesen sind.

1. Der § 2 schafft einen Ausnahmefall für die grundsätzliche Haftung der Gemeinde, in deren Bezirk die schädigende Handlung erfolgt ist. Für das Vorliegen des Ausnahmefalls ist die in Anspruch genommene Gemeinde voll beweispflichtig.

2. Durch eine ... Menschenmenge: Ein Kommissionsantrag, das Wort „durch eine“ durch die Worte „infolge einer“ zu ersetzen, wurde schon in der Kommission abgelehnt (StenBer., Bd. V, S. 2434). Der Grund der Beibehaltung war, daß man — sprachlich nicht überzeugend — durch das Wort „durch“ auch den Fall mitumfassen wollte, daß die Menschenmenge zwar von außen eingedrungen sei, aber daß auch die Bewohner der Invasionsgemeinde sich den Tumultuanten anschlössen.

Im Gegensatz zu § 1 ist hier zu erfordern, daß die Beschädigung **durch** die Menschenmenge verursacht worden ist. Wegen des Unterschiedes vgl. § 1 Anm. 3.

3. **Eingedrungene:** Der Begriff des Eindringens erfordert das Bewußtsein der Eindringenden, daß sein Eintritt gegen den vermuteten Willen der Invasionsgemeinde erfolgt (RGSt., Bd. 5, S. 109).

4. Eingedrungene **Menschenmenge:** Wegen des Begriffs „Menge" vgl. oben § 1 Anm. 5. Nach dem Wortlaut kommt nur das Eindringen einer bereits **geschlossenen** Menge, nicht das Eindringen einzelner Personen oder Gruppen, die sich erst in der Invasionsgemeinde zu einer „Menge" zusammenschließen, in Betracht. Wenn dagegen eine bereits in einer andern Gemeinde zusammengeschlossene Menge sich aus taktischen Gründen teilt und sich dann aus bereits vorher gefaßtem Willen in der Invasionsgemeinde wieder vereinigt, um „vereint zu schlagen", so bleibt sie doch eine „eingedrungene Menschenmenge".

5. **Gemeindebezirk:** Der rechtlich zur Gemeinde gehörige Grundbesitz.

6. **Verursacht:** Das Wort ist in der Kommission für „stattgefunden haben" eingesetzt worden. Vgl. oben Anm. 21 zu § 1.

7. **Einwohner:** § 3 legt einen entsprechenden Entlastungsbeweis der „Gemeinde" auf. Ein sachlicher Unterschied liegt hierin nicht. Die Gemeinde in ihrer Abwehrtätigkeit besteht aus der Gesamtheit ihrer Insassen.

8. Zur **Abwehr des Schadens:** also nicht zur Abwehr des Eindringens der Menschenmenge, sondern zur Verhinderung ihrer schädigenden Tätigkeit. Eine praktische Bedeutung wird der Unterschied kaum haben.

9. **Erweislich:** Nur ein Zusatz in dem Sinne, der Gemeinde den Nachweis der Erfüllung ihrer Abwehrverpflichtung voll aufzubürden.

10. **Außerstande:** § 3 wählt für den entsprechenden Fall den Ausdruck „nicht imstande". Durch den Zusatz „auch" in dem letzteren Paragraph erscheint die Annahme eines Unterschiedes in der Bedeutung beider Ausdrücke ausgeschlossen. Sprachlich würde es naheliegen, in dem Worte „außerstande" eine nach der Größe der Menschenmenge oder ihrer Bewaffnung **von vornherein** vorliegende Aussichtslosigkeit der Abwehrmaßregeln, die den Versuch ihrer Anwendung zwecklos erscheinen läßt, zu erblicken, in der Fassung des § 3 aber die Wirkungslosigkeit der tatsächlich **angewandten** Abwehrmaßregeln.

Es wird die Befreiung dann einzutreten haben, wenn die Gemeinde erweislich alles — auch durch zugezogenes Militär, nicht bloß durch die Einwohner oder den Sicherheitsverein des § 7 — getan hat, um das Eindringen der Menge und ihre schädigenden Handlungen zu verhindern, und sich diese Maßnahmen als unzureichend zur Verhinderung der Schäden erwiesen haben.

§ 3.

Im Falle des § 2 liegt die Entschädigungspflicht der Gemeinde oder den Gemeinden ob, auf deren Gebiet die Ansammlung oder von deren Bezirk aus der Überfall stattgehabt hat, es sei denn, daß auch diese Gemeinden erweislich nicht imstande gewesen wären, den verursachten Schaden zu verhindern.

Mehrere nach den vorstehenden Bestimmungen verpflichtete Gemeinden (§§ 1 und 3) haften dem Beschädigten gegenüber solidarisch.

1. **Im Falle des § 2:** Gelingt der in § 2 verlangte Entlastungsbeweis der an sich aus § 1 verpflichteten Gemeinde, so tritt die Haftung der „Versammlungsgemeinde" aus § 3

ein. Streitverkündung der **aus § 1 in Anspruch genommenen Gemeinde** an die „Versammlungsgemeinde" wird zweckmäßig sein. Falls derartige Einwendungen zu erwarten sind (vgl. unten zu § 5), wird für den **Geschädigten** gemeinsame Klage gegen **beide** Gemeinden zweckmäßig erscheinen.

Gelingt der Entlastungsbeweis des § 2 der aus § 1 in Anspruch genommenen Gemeinde nicht, so haftet sie nach Abs. 2 gesamtschuldnerisch mit der Versammlungsgemeinde.

2. **Der Gemeinde oder den Gemeinden:** Die Bestimmung bezweckt, bei Versammlung der Menschenmenge auf dem Gebiet mehrerer Gemeinden diese gesamtschuldnerisch haftbar zu machen.

3. **Die Ansammlung:** Es muß sich um eine für die Versammlungsgemeinde **erkennbare** Ansammlung im Sinne einer Zusammenrottung handeln (Berichterstatter Wallach in StenBer., Bd. V, S. 2436).

4. **Von deren Bezirk aus:** Die Fassung des Gesetzes führt zu der Annahme, daß in den — allerdings praktisch unwahrscheinlichen — Fällen, in denen sich eine zusammengerottete Menge von der Versammlungsgemeinde über das Gebiet mehrerer Gemeinden in den Tumultort begibt, nur die Versammlungsgemeinde und die letzte vor dem Tumultort liegende Gemeinde haftbar wird, während die „Durchmarschgemeinden" von der Haftung frei bleiben.

5. **Überfall:** Trotzdem sprachlich gegenüber dem „Eindringen" des § 2 ein Unterschied nach der Seite des Plötzlichen und Unerwarteten hin gegeben ist, ist für einen dementsprechenden Willen des Gesetzgebers kein Anhalt gegeben. Man wird daher beide Ausdrücke im Sinne des Gesetzes als gleichbedeutend ansehen müssen.

6. **Nicht imstande:** s. § 2 Anm. 10.

7. **Schaden zu verhindern:** Der Ausdruck erscheint sprachlich nicht scharf: Die Verhinderung des Schadens erfolgt durch die Tumultgemeinde; die „Versammlungsgemeinden" und die „Überfallsausgangsgemeinde" können die Ansammlung ver-

hindern, und verhindern, daß die Menge diese Gemeinden zum Zwecke des Eindringens in die Tumultgemeinde verläßt, aber nur mittelbar den Schaden. Dieser tritt vielmehr durch das Eindringen der Menge als **Folgeerscheinung** der Tatsache ein, daß die Menge nicht zerstreut oder festgehalten und dadurch an dem Eindringen in die Tumultgemeinde verhindert worden ist. Aus der Unterlassung **dieser** Verpflichtung folgt ihre Schadensersatzpflicht.

8. Dem **Beschädigten** gegenüber: Nach den allgemeinen Grundsätzen des Schadensersatzes für unerlaubte Handlungen § 32 ALR., Bd. I, S. 6 spricht das Gesetz dem Beschädigten die solidarische, im Sinne des BGB. gesamtschuldnerische Haftung der aus §§ 1 und 3 verhafteten Gemeinden zu, um ihm Realisierung seines Anspruchs zu gewährleisten (StenBer., Bd. V, S. 2435).

9. Wegen der gesamtschuldnerischen Haftung, insbesondere auch des Übergangs des Regresses auf die Schadensersatz leistende Gemeinde vgl. §§ 421 ff. BGB. und unten § 6 Anm. 4.

§ 4.

Hat in einer Gemeinde eine Beschädigung der im § 1 gedachten Art stattgefunden, so ist der Vorstand der Gemeinde berechtigt und auf Ansuchen des Beschädigten verpflichtet, den angerichteten Schaden vorläufig zu ermitteln und festzustellen.

Bei dieser Ermittlung sind die Interessenten soweit als möglich zuzuziehen.

1. **Schaden ... zu ermitteln:** Die Ermittlung kann von Amts wegen oder auf Antrag des Beschädigten erfolgen, unabhängig davon, ob dieser seine Ansprüche gemäß § 5 angemeldet hat oder nicht. Vorbild ist auch hier das französische Gesetz, vom 10. Vendémiaire IV, Tit. V, Art. 2, das Schadensfeststellung innerhalb 24 Stunden durch officiers municipaux oder den agent municipal vorschreibt.

2. **Vorstand** der Gemeinde: Also Magistrat oder Gemeindevorstand bzw. ein von ihnen in der gesetzlichen Form beauftragter Gemeindebeamter.

3. **Den angerichteten Schaden:** Das Verfahren ist also nur auf die tatsächliche Feststellung des Schadens zu richten. Bezüglich der Frage der Ersatzpflicht und der Höhe der Summe sind getroffene Feststellungen rechtlich nicht verbindlich, soweit nicht etwa Beurkundung eines geschlossenen Vergleichs erfolgt.

4. **Vorläufig:** Die Vorschrift entspricht etwa den Beweissicherungsvorschriften der ZPO., die aber daneben Anwendung finden, wenn zu besorgen ist, daß das Beweismittel verloren oder seine Benutzung erschwert wird (§§ 485ff. ZPO.).

5. **Zu ermitteln und festzustellen:** Verfahrensvorschriften gibt § 4 außer derjenigen des Abs. 2, betr. Zuziehung der Interessenten, nicht. Ob daher, was regelmäßig der Fall sein wird, Ortsbesichtigung unter Vorladung der Beteiligten anzusetzen ist und ob Zeugen oder Sachverständige zu vernehmen, Ermittlungsakten der Polizei heranzuziehen sind, ist Zweckmäßigkeitsfrage; aus dem Zusatz „und festzustellen" folgt jedenfalls die Verpflichtung zu schriftlicher Festlegung der Vorgänge und Ergebnisse.

6. **Interessenten:** Als solche kommen neben dem Eigentümer der geschädigten Sache Mieter, Hypothekengläubiger usw. kurz alle in Betracht, denen selbständige Ersatzansprüche oder Ansprüche an einen Teil der Schadensersatzsumme zustehen können, aber auch andere Ersatzpflichtige, insbesondere der ermittelte Täter selbst, oder im Falle der beabsichtigten Abwälzung gemäß § 2 oben der Vertreter der „Versammlungs- oder Überfallsgemeinde".

7. **Soweit als möglich:** Das Unterlassen ihrer Zuziehung hindert die Beweishandlung ebensowenig, wie dies im Beweissicherungsverfahren nach § 491 Abs. 2 ZPO. der Fall ist.

§ 5.

Wer von der Gemeinde Schadenersatz fordern will, muß seine Forderung binnen **14 Tagen** prä-

klusivischer Frist, nachdem das Dasein des Schadens zu seiner Wissenschaft gelangt ist, bei dem Gemeindevorstande anmelden und binnen 4 Wochen präklusivischer Frist nach dem Tage, an welchem ihm der Bescheid des Gemeindevorstandes zugegangen ist, erforderlichenfalls gerichtlich geltend machen.

1. Seine Einfügung verdankt der Paragraph, ebenso wie § 4, einem Beschlusse der Kommission. Die Frist ist hier „lediglich im Interesse der Gemeinde gestellt" (Justizminister Simons), um dadurch „die exzeptionelle Verpflichtung wenigstens doch auf das möglichste Minimum zu reduzieren" (Abg. von Rönne) StenBer., Bd. V, S. 2433.

2. Von der **Gemeinde**: Die Ausschlußfristen gelten nur für die Ansprüche gegen die Gemeinde, nicht für solche gegen schädigende Dritte — für die dreijährige Verjährung ohne diese Ausschlußfristen Platz greift —, auch nicht für die Regreßklagen der Gemeinden untereinander auf Grund der durch sie erfolgten Befriedigung des Geschädigten oder ihre Ansprüche gegen die dritten Haftpflichtigen.

3. **Seine Forderung**: Er muß seine sämtlichen Ansprüche, bei Geldforderungen seine Höchstansprüche anmelden; Erweiterung oder Erhöhung nach Fristablauf erscheint nicht zulässig. Es wird aber auch genügen, unter Angabe des Anspruchs und der Unterlagen für den Anspruch **ziffernmäßige** Feststellung Sachverständigengutachten zu überlassen (RGZ., Bd. 10, S. 353; Bd. 21, S. 387; JWSchr., 1909, S. 196).

4. **14 Tage . . . 4 Wochen**: Berechnung gemäß §§ 187, 188 BGB.

5. **Präklusivischer Frist**: Sowohl die Anmelde- wie die Klagefrist sind präklusivische Fristen, d. h. Ausschlußfristen, deren Nichtwahrung Verlust des Anspruchs bewirkt, deren Geltendmachung nicht der Gegenpartei überlassen bleibt, sondern von Amts wegen zu prüfen ist, also keine Verjährungsfrist mit den Hemmungen und Unterbrechungen der §§ 202ff.

BGB. (letzteres zweifelhaft, StenBer., Bd. V, S. 2433). Bei Stillstand der Rechtspflege wird ev. Bestimmung eines Gerichts nach § 36 Abs. 1 ZPO. in Frage kommen. Auch eine Wiedereinsetzung in den vorigen Stand gemäß § 233 ZPO. kommt bei Versäumung der Frist nicht in Frage, da es sich nicht um Notfristen handelt.

6. **Nachdem das Dasein des Schadens zu seiner Wissenschaft gelangt ist:** Zugefügt durch ein Amendement Kisker (StenBer., Bd. V, S. 2433), will die Bestimmung den Beginn der Frist entsprechend der § 54 ALR. I, 6 für Schadensersatz aus unerlaubter Handlung gegebenen Vorschrift festsetzen. Es genügt nicht, daß er von der Tatsache einer Schadenszufügung Kenntnis erhalten hat, sondern **der** Schaden, d. h. der Umfang desselben muß zu seiner Wissenschaft gelangt sein, wobei er aber Feststellung ohne schuldhaftes Zögern zu veranlassen hat. Auch für künftige Schäden beginnt damit der Fristenlauf, wenn der bekannt gewordene Schaden so beschaffen ist, daß er sich, obwohl im wechselnden Umfange, auch in der Zukunft erneuert, vorausgesetzt, daß diese künftigen Nachteile sich für die Zukunft erkennen ließen (Rehbein-Reinke, Anm. 20 zu § 54 ALR. I, 6 und die dort zit. Entsch.).

7. **Bei dem Gemeindevorstande:** Das ist demjenigen der ersatzpflichtigen Gemeinde, also bei Gesamthaftung aus §§ 1 und 3 bei allen zur Vermeidung des Anspruchsverlustes.

8. **Anzumelden:** Über die Form besteht keine Vorschrift, jedoch wird bei Sonderbevollmächtigten Vollmacht beizufügen sein. Die Anmeldung muß spätestens am letzten Tage der Frist dem Gemeindevorstand, und zwar denjenigen aller aus §§ 1, 3 dieses Gesetzes haftbaren Gemeinden zugegangen sein, das gleiche gilt bezüglich der Zustellung der Klage. Ob, falls der letzte Tag der Frist auf einen Sonntag oder gesetzlichen Feiertag fällt, die Frist erst mit dem nächsten Werktage abläuft, ob insbesondere die hier fraglichen Anzeigen und Klagen als Willenserklärungen gemäß § 193 BGB. anzusehen sind, ist zweifelhaft, aber wohl zu bejahen (Staudinger, Anm. 1 zu

zit. Paragraph). Anmeldung ist nur zur Wahrung der Rechte der Gemeinden, nicht Dritten gegenüber, erforderlich.

9. **Bescheid** des Gemeindevorstandes: Er bedarf keiner besonderen Form, insbesondere nicht der Form des § 88 LGO. vom 3. Juli 1891, da durch ihn keine Verpflichtungen Dritten gegenüber begründet werden *).

10. **Gerichtlich geltend** gemacht werden: Es kommen hierfür nur Klageerhebung durch Zustellung (§ 253 ZPO.) oder Antrag auf Erlaß des Zahlungsbefehls (§ 693 Abs. 3 ZPO.) in Betracht. Die Streitverkündung (§ 209 Abs. 2 Nr. 4 BGB.) oder der Antrag auf Bestimmung eines zuständigen Gerichts (§ 210 BGB.) hat nicht die Rechtswirkung der Innehaltung der Frist, weil es sich nicht um eine Verjährungsfrist handelt; ebensowenig der Beweissicherungsantrag, weil sie alle nur Vorbereitung der späteren Klage bezwecken.

11. **Innehaltung der Frist** hat erforderlichenfalls der Kläger zu beweisen.

§ 6.

Bezüglich der Entschädigungspflicht derjenigen Personen, welchen eine solche nach Maßgabe der besonderen Gesetze obliegt, wird durch vorstehende Bestimmungen nichts geändert. Der Gemeinde, welche ihrer Entschädigungspflicht Genüge geleistet hat, steht der Regreß an die für den Schaden nach allgemeinen Grundsätzen Verhafteten zu.

1. **Entschädigungspflicht**: Der Geschädigte hat die Wahl, ob er statt der Gemeinden oder gesamtschuldnerisch mit ihnen (gemäß § 830 BGB.) die Täter gemäß §§ 823 ff. BGB. oder die nach besonderen Gesetzen ersatzpflichtigen Personen in Anspruch nehmen will. Bei letzteren kommen wesentlich neben

---

*) Klage auch schon vor Ablehnung, nach vorgängiger fruchtloser Aufforderung mit angemessener Erklärungsfrist, zulässig.

den aus der Verordnung vom 17. August 1835 Verhafteten die Beamtenhaftungsgesetze in Betracht (vgl. hierzu Delius, Die Beamtenhaftpflichtgesetze des Reichs und der Bundesstaaten bei J. Guttentag, und auch oben Anm. 13a zu § 1).

2. **Besondere Gesetze:** In Betracht kommt wesentlich § 11 der Verordnung zur Aufrechterhaltung der öffentlichen Ordnung und der dem Gesetz schuldigen Achtung, vom 17. August 1835:

Für Beschädigungen an Sachen, welche bei solchen Gelegenheiten (sc. Tumulten) vorfallen, haften nicht nur die Urheber derselben, sondern auch alle diejenigen solidarisch

a) welche sich bei einem solchen Auflaufe irgendeine gesetzwidrige Handlung haben zuschulden kommen lassen und

b) alle Zuschauer, welche sich an dem Orte des Auflaufs befunden und nach dem Einschreiten der Orts- oder Polizeibehörde nicht sogleich entfernt haben. Keine Entschuldigung eines Zuschauers wird beachtet, wenn seine Anwesenheit noch bei dem Einschreiten der bewaffneten Macht stattgefunden hat.

Denen, die sich nur in dem letzteren Falle befunden haben, bleibt der Regreß an diejenigen vorbehalten, die sich mit ihnen in demselben Falle befinden, zu gleichen Teilen, an die Urheber und die Teilnehmer des Verbrechens aber für den ganzen von ihnen gezahlten Betrag. Auch diese Bestimmung ist durch Art. 108 EG. z. BGB. aufrecht erhalten.

Inwieweit etwa diejenigen, die dem Aufstand durch Hergabe von Mitteln zur Beschaffung von Waffen und dergleichen unterstützt haben oder als Vermittler für die Hergabe fremden Geldes für diese Zwecke tätig geworden sind, als Anstifter oder Begünstiger der strafbaren Handlungen und der durch sie verursachten Schäden zur Gesamthaftung heranzuziehen sind, wird Tatfrage sein. Grundsätzlich ist die Frage nicht zu verneinen.

3. **Regreß der Gemeinde:** Voraussetzung ist, daß sie den Geschädigten — freiwillig oder auf Urteil — befriedigt hat. Bei teilweiser Befriedigung nur Regreß in Höhe der erfüllten

Ersatzpflicht (§ 426 Abs. 2 BGB.). Gegenüber der mitverhafteten Gemeinde Haftung im Verhältnis zueinander nur zu gleichen Teilen und dementsprechender Ausgleich, den übrigen Verpflichteten gegenüber in voller Höhe (so auch Liebrecht, S. 48).

4. **Übergang der Ersatzansprüche.** Während § 6 Übergang der Ansprüche gegen die für die Schadenzufügung Verhafteten vorsieht, sieht § 255 BGB. bei Verlust einer Sache oder eines Rechts Übergang derjenigen Ansprüche des Geschädigten auf den ihn befriedigenden Ersatzpflichtigen vor, welche dem Geschädigten auf Grund des Eigentums an der Sache oder auf Grund des Rechtes gegen Dritte zustehen (aber nicht auf Versicherungssummen, da diese nicht auf dem Eigentum, sondern auf dem Versicherungsvertrage beruhen). Auch die Frage der Minderung des Schadensersatzanspruchs um gezahlte Versicherungssummen wird zu verneinen sein, da die Ereignisse, aus denen der Schaden entstanden ist (Tumultschaden) und dasjenige, aus dem der Vorteil entstanden ist (der Versicherungsvertrag), zwar tatsächlich zusammenhängen, aber nicht identisch sind (RGZ., Bd. 65, S. 60). Siehe auch oben Anm. 23 Abs. c zu § 1.

§ 7.

Bis zum Erlaß eines allgemeinen Gesetzes über eine Gemeinde-, Bürger- oder Schutzwehr sind die Bezirksregierungen ermächtigt, auf den Antrag der Gemeinden die Errichtung eines bewaffneten Sicherheitsvereins anzuordnen.

Die Zusatzbestimmung, die nur vorübergehend bis zum Erlaß der revidierten Verfassung und der geplanten Gemeindeordnung den Gemeinden Schutzmittel zur Bekämpfung der Tumulte und Verhinderung ihrer Haftung für diese an die Hand geben sollte (StenBer., Bd. V, S. 2438 f.), dürfte heute nur historischen Wert haben. **Wegen ihres Fortbestandes vgl. Liebrecht, S. 50 f.**

Sachregister.

(Die großen Zahlen bedeuten die Seiten, die hochstehenden die Anmerkungen.)

Anmeldung 43[8]
Ansammlung 39[3]
Ansprüche, persönliche 29[16]
Assekuration 31[22]
Auflauf 12[1]
A.- u. S.-Räte 22[13a], 23[13b]

Beamtenhaftung 26[13b]
Begräbniskosten 35[24]
Beitreibungen 13[3]
Belagerungszustand 21[13]
Beschädigungen 27[15]
Bescheid des Gemeindevorstandes 44[9]
Bewaffnung 16[5]
Beweislast 18[3], 36[25], 36[1], 38[10]
Beweissicherung 41[4], 44[10]
Bezirk 30[18], 37[5], 39[4]

Diebstähle 13[3]
Dienstberechtigte 33[3]
Dritte, ersatzpflichtige 44[1]

Eigentum 27[16]
Eindringen 37[5]
Entstehungsgeschichte des Gesetzes 10

Fiskus, Haftung des 26[13b]
Fristen zur Anmeldnng 42[5]
" " Klage 42[5], 44[10]
Fristsetzung zur Wiederherstellung 35[24]
Fristsetzung zur Erklärung 44[9]

Geldforderungen 27[16]
Geltung, nach 1900 11
Geltungsbereich 12[1]
Gemeinde 29[18], 42[2]
Gemeindevorstand 41[2], 43[7]
Gesetzlichkeit der Maßnahmen 19[13], 22[13a], 25[13b]
Gewalt 17[8]
" offne 18[9]
Gewinn, entgangener 35[24]
Gutsbezirk 29[18]

Handlungen 20[19]
Hypothekengläubiger 27[16]

Interessenten 41[6]

Klage 44[10]
Körperverletzung 33[23]
Krieg, innerer 20[13]
Kriegführung 20[13]
Kriegsschäden 22[13a1]
Kurkosten 35[24]

Maßregeln 26[14]
Mehrheit von Menschen 15[3]
Menge 15[3], 37[4]
Mieter 27[16]

Militär 24 [13a]
Minister des Innern 26 [13b]

Nießbraucher 27 [16]
Notstand 18 [3]
Nutzungen 27 [16]

Oberpräsident 26 [13b]
Öffentlichkeit der Aufläufe 12 [1], 16 [5]
Ostgrenze 21 [13], 22 [13a¹]

Pächter 27 [16]
Pensionen 34 [23]
Pfandgläubiger 27 [16]
Polizeibehörde 26 [13b]
Polizeiorgane 25 [13b]
Polnische Aufstände 21 [13], 22 [13a¹]

Rechte, Beschädigung von R. 27 [16]
Regierungspräsident 26 [13b]
Regreß der Gemeinde 45 [3]

Schaden, Ermittlung 40 [1] ff.
Schaden (Rechtsgrund) 31 [20]
Schadensersatz 27 [16]
Schadenshöhe 33 [23, 24]
Schmerzensgeld 33 [23]
Schüsse, verirrte 14 [4]
Sicherheitsvereine 26 [13b], 46 [1]
Soldaten 21 [13]
Strafausschließungsgründe 18 [8]
Streitverkündung 39 [1], 44 [10]

Tatort 30 [14]
Tötung 29 [17], 33 [23]

Übergang der Ersatzansprüche 46 [4]
Unglücksfälle 19 [10]

Verjährung 34 [23]
Verhütung von Schäden 19 [10]
Verletzung von Personen 29 [17]
Verschulden, mitwirkendes 34 [23], 35 [24]
Versicherungsträger 27 [16]
Versicherungsvertrag 34 [23], 46 [6]
Volksbeauftragten, Rat der V. 22 [13a]
Vollzugsausschuß 22 [13a]
Vorsatz 13 [3], 17 [8], 18 [8]

Waffengebrauch 6, 26 [13], 19 [13]
Wiederherstellung 27 [16]
Wissenschaft, des Schadens 43 [6]

Zahlungsbefehl 44 [10]
Zuschauer 45 [2]
Zusammenhang, ursächlicher 19 [10], 28 [16], 30 [20, 21]
Zusammenlauf 16 [6]
Zusammenrottung 14 [2]

Druck von A. W. Hayn's Erben, Potsdam.

April 1919

Die Guttentagsche Sammlung

Deutscher Reichsgesetze
und
Preußischer Gesetze

Textausgaben mit Anmerkungen und Sachregister — Taschenformat — Gebunden in ganz Leinen —

enthält alle wichtigeren Gesetze in absolut zuverlässigen Gesetzestexten und in mustergültiger, gemeinverständlicher Weise erläutert

Das am Schluß befindliche Schlagwortregister wird geneigter Beachtung empfohlen

Der Teuerungszuschlag des Verlages ist in den aufgeführten Preisen enthalten, der 10 prozentige Zuschlag des Sortiments dagegen nicht.

J. Guttentag,
Verlagsbuchhandlung, G. m. b. H.
Berlin W 10, Genthiner Str. 38

in den angeführten Preisen enthalten.

Guttentagsche Sammlung Deutscher Reichsgesetze.

Nr. 9. Sammlung **kleinerer strafrechtlicher Reichsgesetze.** Von Prof. Dr **R. H. Kriegsmann. 3. Aufl. — 1910.** 5,85 M

Nr. 10. Das **Reichsbeamtengesetz** vom 31. März 1873. Von **J. Pieper. 2. Aufl. — 1901.** 6,50 M
Reichsbeamtengesetz von **1907**, siehe Nr. **82.**

Nr. **11. Zivilprozeßordnung mit Gerichtsverfassungsgesetz.** Von **R. Sydow.** Fortgeführt von Reichsgerichtsrat **L. Busch. 14. Aufl.** mit Nachtrag, Novellen vom 9. Sept. 1915 u. 18. Mai 1916. **8°. — 1913.** 11,70 M

Nr. **12. Strafprozeßordnung und Gerichtsverfassungsgesetz** nebst den Gesetzen, betr. die Entschädigung der im Wiederaufnahmeverfahren freigesprochenen Personen und die Entschädigung für unschuldig erlittene Untersuchungshaft. Von Reichs-G.Rat Dr **A. Hellweg. 17. Aufl.**, bearbeitet von Prof. Dr **Kohlrausch. — 1918.** 5,50 M

Nr. **13. Konkursordnung und Anfechtungsgesetz.** Von **R. Sydow.** Fortgeführt von **L. Busch. 12. Aufl. — 1916.** 5,45 M

Nr. **14. Gerichtsverfassungsgesetz** mit Einführungsgesetz. Herausgegeben von **R. Sydow.** Fortgeführt von **L. Busch. 9. Aufl. — 1905.** 2,35 M

Nr. **15. Das Deutsche Gerichtskostengesetz** nebst den Gebührenordnungen für Gerichtsvollzieher, Zeugen und Sachverständige. Von **R. Sydow.** Bearbeitet von **L. Busch. 9. Aufl.** mit Nachtrag, enth. die Novelle vom 10. Juni 1914. **— 1912.** 8,90 M

Nr. **16. Rechtsanwaltsordnung.** Von **R. Sydow. 5. Aufl.** von Justizrat **M. Jacobsohn.** Mit Nachtrag, enth. die Bestimmungen vom 22. Mai 1910. **— 1907.** 1,95 M

Nr. **17.** Die **Deutsche Gebührenordnung für Rechtsanwälte und das Preußische Gebührengesetz** vom 27. IX. / 6. X. 1899.

Guttentagsche Sammlung Deutscher Reichsgesetze.

Von **R. Sydow.** Fortgeführt von **L. Busch. 11. Aufl.** Mit Nachtrag, enth. die Bestimmungen vom 8. Nov. 1916. — **1914.** 4,40 *M*

Nr. **18. Reichsstempelgesetz** vom 3. Juli 1913. (Börsen-, Lotterie-, Frachturkunden-, Fahrkarten-, Kraftfahrzeug-, Tantieme-, Scheck- und Grundstücksübertragungssteuer.) Mit den gesamten Ausführungsbestimmungen. Von Geh. Reg.Rat **P. Loeck. 12. Aufl. — 1914. 8⁰.** 13,— *M*

Neue Auflage unter Berücksichtigung der Abänderungsbestimmung von 1918 in Vorbereitung.

Nr. **19.** Die **Seegesetzgebung.** Von Dr **W. E. Knitschky. 5. Aufl.** bearbeitet von Ober-L.G.Rat **O. Rudorff. — 1913.** 11,— *M*

Nr. **20. Krankenversicherungsgesetz (1883).** Von weil. Dr **E. von Woedtke.** — Neue Fassung **(1911)**, siehe **Nr. 107.**

Nr. **21.** Die **Konsulargesetzgebung.** Von Prof. Dr **Ph. Zorn. 3. Aufl.** von Dr **K. Zorn. — 1911.** 6,50 *M*

Nr. **22. Patentgesetz.** Nebst Ausführungsbestimmungen, völkerrechtlichen Verträgen und der Patentanwalts-Ordnung. **7. Aufl.** bearbeitet von **R. Lutter,** Geh. Reg.Rat im Kaiserl. Patentamt. — **1908.** 4,15 *M*

(**Kriegsvorschriften auf dem Gebiete des gewerblichen Rechtsschutzes.** Von **R. Lutter.** — **1917.** 8⁰. 2,50 *M*.)

Nr. **23. Gewerbe-Unfallversicherungsgesetz. (1884.)** Von weil. Dr **E. v. Woedtke.** — Neue Fassung **(1911)**, siehe **Nr. 108.**

Nr. **24. Aktiengesellschaft und Kommanditgesellschaften auf Aktien.** Von Dr **H. Keyßner** und Dr **H. Veit Simon. 6. Aufl.** von Amtsrichter **L. Keyßner. — 1911.** 4,40 *M*

Nr. **25. Brausteuergesetz** vom 15. Juli 1909. Von Oberzollrevisor **A. Düffe. 2. Aufl. — 1910.** 4,40 *M*

Nr. **26. Die** Reichsgesetzgebung **über Münz- und Notenbankwesen,** Papiergeld, Prämienpapiere und Reichsschulden. **Von** Dr **R. Koch. 6. Aufl. — 1910.** 5,25 *M*

in den angeführten Preisen enthalten.

Guttentagsche Sammlung Deutscher Reichsgesetze.

Nr. **27. Gesundheitswesen im Deutschen Reich.** Von Dr jur. **E. Goesch** und Dr med. **J. Karsten. — 1888.** 2,60 *M*

Nr. **28. Bau-Unfallversicherungsgesetz.** Vom 30. Juni 1900. Von **R. Chrzescinski.** Neue Fassung **(1911)**, siehe Nr. **108.**

Nr. **29. Erwerbs- und Wirtschaftsgenossenschaften.** Von **L. Parisius** und Dr **H. Crüger. 15. neu bearbeitete Aufl.** von Dr **H. Crüger. — 1916.** 3,90 *M*

Nr. **30. Invalidenversicherungsgesetz** (1899). Von weil. Dr **E. v. Woedtke.** Neue Fassung **(1911)**, siehe Nr. **109.**

Nr. **31. Gewerbegerichtsgesetz.** Von Stadtrat **L. Mugdan. 7. Aufl.** bearbeitet von Oberbürgermeister **W. Cuno. — 1911.** 3,65 *M*

Nr. **32.** Reichsgesetz, betr. die **Gesellschaften mit beschränkter Haftung.** Von **L. Parisius** und Dr **H. Crüger. 13. Aufl.** von Dr **H. Crüger. — 1914.** 3,10 *M*

Nr. **33. Vereins- und Versammlungsrecht.** Von Dr **E. Ball. 2. Aufl.** von Dr **F. Friedenthal. — 1907.** 3,65 *M*

Reichs-Vereinsgesetz vom 19. April 1908, siehe Nr. **88.**

Nr. **34.** Die **Abzahlungsgeschäfte.** Gesetz vom 16. Mai 1894. **3. Aufl.** von Land-G.Rat Dr **E. Wilke. — 1910.** 2,10 *M*

Nr. **35.** Die **Reichs-Eisenbahngesetzgebung.** Von Kaiserl. Amtsrichter **W. Coermann. — 1895.** 3,40 *M*. S. auch Nr. **66.**

Nr. **36.** Gesetze, betr. die **privatrechtlichen Verhältnisse der Binnenschiffahrt und der Flößerei.** Von Geh. Justizrat **E. Löwe. 5. Aufl. — 1915.** 5,20 *M*

Nr. **37.** Gesetz gegen den **unlauteren Wettbewerb.** Von Justizrat **A. Pinner. 6. Aufl. — 1912.** 2,35 *M*

Guttentagsche Sammlung Deutscher Reichsgesetze.

Nr. 38/39. **Bürgerliches Gesetzbuch nebst Einführungsgesetz** von Dr **A. Achilles.** In Verbindung mit Prof. Dr **André**, Kammer-G.Rat **Ritgen**, Reichs-G.Rat Dr **Strecker**, Staatsrat Dr **v. Unzner.** Herausgegeben von Wirkl. Geh. Ob.J.Rat u. Ober-L.G.Präsident **Greiff. 8.** vermehrte **Aufl. 8°. — 1916.** 13,— *M*

Nachtrag: **Bestimmungen über das Erbbaurecht** v. 15. Januar 1919. —,60 *M*

Nr. **40.** Gesetz, betr. die **Pflichten der Kaufleute bei Aufbewahrung fremder Wertpapiere [Depotgesetz].** Von Min.-Dir. **F. Lusensky. 3. Aufl. — 1916.** 3,25 *M*

Nr. **41. Börsengesetz.** Von **Th. Hemptenmacher. 3. Aufl.** von Syndikus **O. Meyer. — 1915.** 5,20 *M*

Nr. **42. Grundbuchordnung** nebst den preuß. Ausf.-Bestimmungen. Von Prof. Dr **O. Fischer. 6. Aufl.** mit Nachtrag, enth. die Ergänzungen. **— 1913.** **2,90** *M*

Nr. **43. Zwangsvollstreckung in das unbewegliche Vermögen** im Reiche und in Preußen. Kosten- und Gebührentabellen. Von Dr **J. Krech** u. Dr **O. Fischer. 8. Aufl.** bearbeitet von Prof. Dr **O. Fischer. — 1916.** 3,90 *M*

Nr. **44.** Das Reichsgesetz über das **Auswanderungswesen.** Von Prof. Dr **F. Stoerk. — 1899.** 3,25 *M*

Nr. **45.** Das **Entmündigungsrecht** mit den für Preußen geltenden Vorschriften nebst Just.-Min.-Verfügung vom **28.** Nov. 1899. Von Land-G.Rat Dr **P. Koll. — 1900.** 2,35 *M*

Nr. **46.** Die Gesetze des Reiches und Preußens über die **freiwillige Gerichtsbarkeit.** Von Amts-G.Rat **H. Jastrow. 5. Aufl.** — Vergriffen! — Neue Auflage in Vorbereitung.

Nr. **47.** Das **deutsche Vormundschaftsrecht** und das preuß. Gesetz über die Fürsorgeerziehung Minderjähriger. Von Ober-Verw.G.Rat **M. Schultzenstein** u. Amts-G.Rat Dr **P. Köhne. 2. Aufl. — 1901.** **4,40** *M*

in den angeführten Preisen enthalten.

Guttentagsche Sammlung Deutscher Reichsgesetze.

Nr. 48. Gesetze, betr. den **Drogen-, Gift- und Farbenhandel** außerhalb der Apotheken. Von Dr **J. Broh. — 1899.** 1,95 ℳ

Nr. 49. Deutsche **Kolonialgesetzgebung.** Von Geh. J.Rat Prof. Dr **Ph. Zorn. 2. Aufl.** von G.Assessor Dr **Sassen. — 1913.** 10,40 ℳ

Nr. 50. Der **Viehkauf [Viehgewährschaft] nach dem BGB.** Verordnung betr. die Hauptmängel und Gewährsfristen beim Viehhandel. Von Rechtsanwalt Dr **H. Stölzle** und Königl. Reg.- u. Vet.Rat **H. Weiskopf. 5. Aufl. — 1913.** 8,45 ℳ

Nr. 51. **Hypothekenbankgesetz** vom 13. Juli 1899. Von Dr **H. Göppert. 2. Aufl.** bearbeitet von Geh. Reg.Rat Dr **Seidel. — 1911.** 3,40 ℳ

Nr. 52. Gesetz, betr. die gemeinsamen **Rechte der Besitzer von Schuldverschreibungen.** Von Dr **H. Göppert. 2. Aufl.** bearbeitet von Amtsrichter Dr **E. Trendelenburg. — 1915.** 2,60 ℳ

Nr. 53. **Reichspreßgesetz** vom 7. Mai 1874. Mit Kommentar von Bürgermeister **A. Born. 2. Aufl. — 1911.** 3,10 ℳ

Nr. 54. Verkehr mit **Nahrungsmitteln, Genußmitteln** und **Gebrauchsgegenständen.** Von Dr **G. Lebbin,** Nahrungsmittelchemiker in Berlin. — **1900.** 3,25 ℳ

Nr. 55. Das Recht der **Beschlagnahme von Lohn- und Gehaltsforderungen.** Von Justizrat **G. Meyer. 5. Aufl. — 1914.** 3,90 ℳ

Nr. 56. Gesetz, betr. die **Bekämpfung gemeingefährlicher Krankheiten.** Nebst Ausf.-Bestimmungen. Von Reg.Rat Dr **B. Burkhardt. — 1900.** 2,10 ℳ

Nr. 57. **See-Unfallversicherungsgesetz (1887).** Von Ober-L.G.Rat Dr **M. Mittelstein.** — Neue Fassung **1911,** siehe Nr. **108.**

Guttentagsche Sammlung Deutscher Reichsgesetze.

Nr. 58. **Das Recht der unehelichen Kinder nach dem BGB.** Von Amtsgerichtsrat. **H. Jastrow. — 1901.** 2,60 M

Nr. 59. Reichsgesetz über die **Beurkundung des Personenstandes und die Eheschließung.** Von Amts-G.Rat Dr **F. Fidler. 2. Aufl. — 1912.** 3,65 M

Nr. 60. Gesetz, betr. das **Urheberrecht an Werken der Literatur und der Tonkunst.** Von Geh. Ob.J.Rat **O. Lindemann. 3. Aufl. — 1910.** 2,35 M

Nr. 61. Gesetz über das **Verlagsrecht.** Von Rechtsanwalt Dr **B. Marwitz. 2. Aufl. — 1911.** 2,60 M

Nr. 62. Gesetz über **private Versicherungsunternehmungen.** Von Reichs-G.Rat **H. Könige. 2. Aufl. — 1910.** 5,85 M

Nr. 63. **Gesetzestafel des Deutschen Reichsrechts.** Systematisch geordnete Nachweisung des z. Z. geltenden Reichsrechts. Von **H. Bruhns. 2. Aufl. — 1913.** 5,20 M

Nr. 64. Gesetzsammlung betr. den **Handel mit Drogen und Giften.** Mit Anhang: landesgesetzliche Verordnungen sämtlicher Bundesstaaten. Von Rechtsanwalt **H. Sonnenfeld**, Syndikus der Berliner Drogisten-Innung. **2. Aufl. — 1912.** 5,85 M

Nr. 65. Das **Weingesetz** in der Fassung von 1909. Mit Ausf.-Bestimmungen von Dr **G. Lebbin**, Nahrungsmittelchemiker. **2. Aufl. — 1909.** 3,65 M

Nr. 66. Die **Eisenbahn-Gesetzgebung.** Von **W. Pietsch**, Rechn.Rat im Reichseisenbahnamt. **2. Aufl. — 1913.** 5,20 M

Nr. 67. **Militär-Strafgesetzbuch für das Deutsche Reich.** Von Wirkl. Geh. Kriegsrat Dr **A. Romen** und Kriegsgerichtsrat Dr **C. Rissom. 3. Aufl. — 1918.** 14.50 M
— — Feldausgabe in 2 Bänden, gebunden 15,— M

Nr. 68. Das **Fleischbeschaugesetz.** Vom 3. Juni 1900. Von Dr **G. Lebbin u. Dr G. Baum. — 1903.** 5,85 M

in den angeführten Preisen enthalten.

Guttentagsche Sammlung Deutscher Reichsgesetze.

Nr. **69.** Reichsgesetz über die **Naturalleistungen der bewaffneten Macht im Frieden** nebst den preußischen Bestimmungen. Von Dr **W. v. Hippel. — 1903.** 2,10 *M*

Nr. **70.** Das **Reichs-Haftpflichtgesetz** vom 7. Juni 1871. Von Reg.Rat Dr **G. Eger. — 1903** Vergriffen.

Nr. **71.** Gesetz betr. **Kinderarbeit in gewerblichen Betrieben** vom 30. März 1903. Von Ober-Verw.G.Rat **H. Spangenberg. 2. Aufl. — 1904.** 2,35 *M*

Nr. **72. Unfallversicherungsgesetz für Land- und Forstwirtschaft.** (1886). Von weil. Dr **E. v. Woedtke.** Siehe Nr. **108.**

Nr. **73. Entschädigung für unschuldig erlittene Verhaftung und Bestrafung.** Anhang: Nebengesetze über Schadensersatz. Von Wirkl. Geh. Kriegsrat Dr **A. Romen. — 1904.** 3,10 *M*

Nr. **74.** Die **Kaufmannsgerichte** nebst Ausf.-Bestimmungen. Von Prof. Dr **M. Apt. 3. Aufl. — 1904.** 3,10 *M*
Siehe auch Nr. **112.**

Nr. **75.** Reichsgesetz über die **Konsulargerichtsbarkeit.** Von Rechtsanwalt Dr **A. F. Vorwerk**, Schanghai. **2. Ausgabe,** mit den Schutzgebietsgesetzen. **— 1908.** 3,10 *M*

Nr. **76. Die Rechtshilfe im Verkehr mit den ordentlichen Gerichten** nach deutschem Reichsrecht. Von Landrichter Dr **A. Friedländer. — 1906.** 2,60 *M*

Nr. **77. Das Reichserbschaftssteuergesetz.** Vom 3. Juni 1906. Von **U. Hoffmann. 3. Aufl.** von **B. Hendel** in Vorbereitung.

Nr. **78. Zigarettensteuergesetz.** Vom 3. Juni 1906. Von Reg.Assessor Dr **Cuno.**

Nr. **79. Die Militärpensionsgesetze** vom 31. Mai 1906 nebst Ausf.-Bestimmungen. Zum Gebrauch für Heer, Marine

Guttentagsche Sammlung Deutscher Reichsgesetze.

und Schutztruppe von Wirkl. Geh. Kriegsrat Dr **A. Romen**
a) I. Teil: **Offizierpensionsgesetz. — 1907.** 4,95 *M*
b) II. Teil: **Mannschaftsversorgungsgesetz** mit Nachtrag, enth. **Kapitalabfindungsgesetz** vom 3. Juli 1916. — **1908.** 4,95 *M*

Nr. **80.** Reichsgesetzgebung über **gerichtliche Registerführung.** Von Geh. Ob.J.Rat **O. Lindemann. — 1906.** 4,40 *M*

Nr. **81. Urheberrecht an Werken der bildenden Künste und der Photographie.** Von Rechtsanwalt Dr **L. Fuld. — 1907.** 1,60 *M*

Nr. **82. Reichsbeamtengesetz** vom 18. Mai 1907 mit Ergänzungen von Geh.Rat Prof. Dr **A. Arndt. — 1908.** 4,40 *M*

Nr. **83.** Reichsgesetz über den **Versicherungsvertrag** nebst Einführungsgesetz. Von Dr **P. Hager** und Dr **E. Bruck. 3. verm. u. verb. Aufl. — 1913.** 8,45 *M*

Nr. **84. Sammlung kleinerer privatrechtlicher Reichsgesetze.** Von Ober-L.G.Rat **G. Müller. — 1908.** 9,10 *M*

Nr. **85. Scheckgesetz.** Von Prof. Dr **M. Apt.** Vergriffen. Siehe Nr. **113.**

Nr. **86. Die Auslieferungsverträge des Deutschen Reiches.** Von Landrichter Dr **A. Cohn. — 1908.** 5,85 *M*

Nr. **87.** Gesetz zum **Schutz der Warenbezeichnungen.** Von Geh. Reg.Rat, Mitgl. des Kaiserl. Patentamts Dr **Freund** und Rechtsanwalt **Magnus. 5. Aufl. — 1909.** 5,20 *M*

Nr. **88. Vereinsgesetz** vom 19. April 1908. Von Wirkl. Geh. Kriegsrat Dr **A. Romen.** Mit den **neuen Bestimmungen** über **Jugendliche und Gewerkschaften. 4. Aufl. — 1916.** 4,55 *M*

Nr. **89. Vogelschutzgesetz** vom 30. Mai 1908 nebst den das Flugwild betr. Bestimmungen der Preuß. Jagdordnung. Von Dr **L. v. Boxberger. — 1909.** 1,60 *M*

in den angeführten Preisen enthalten.

Guttentagsche Sammlung Deutscher Reichsgesetze.

Nr. **90.** Die Haager Abkommen über das **Internationale Privatrecht.** Von Dr **G. Bogeng. — 1908.** 3,25 ℳ

Nr. **91. Eisenbahn-Verkehrsordnung** mit Ausf.-Bestimmungen. Von Reg.Rat Dr **E. Blume. — 1909.** 3,65 ℳ

Nr. **92.** Gesetz, betr. den **Verkehr mit Kraftfahrzeugen.** Von Amts-G.Rat **R. Kirchner. 3. Aufl. — 1915.** 5,85 ℳ

Nr. **93.** Gesetz über die **Sicherung der Bauforderungen.** Von Justizrat Dr **E. Harnier. 3. Aufl. — 1912.** 2,35 ℳ

Nr. **94. Haftpflicht der Reichs- und Staatsbeamten** von Dr **H. Delius. 2. Aufl.,** mit dem Gesetz über Haftung des Reichs für Beamte vom 22. Mai 1909. **— 1909.** 4,95 ℳ

Nr. **95.** Die Berner Übereinkunft über **Internationales Urheberrecht.** Von Geh.Rat Dr **H. Dungs. — 1910.** 1,60 ℳ

Nr. **96. Branntweinsteuergesetz** vom 15. Juli 1909 mit den für das Reich erlassenen Ausf.-Bestimmungen und Kriegsverordnungen. **2. Aufl.,** bearbeitet von Reg.Assessor Dr **K. Kniebe,** Hilfsarbeiter im Reichsamt d. Innern. **— 1916.** 5,20 ℳ

Nr. **97. Schutzgebietsgesetz** nebst V.O. betr. die Rechtsverhältnisse in den Schutzgebieten, dem G. über die Konsulargerichtsbarkeit sowie den Ausf.-Bestimmungen. Von **J. Gerstmeyer,** Wirkl. Legationsrat und vortr. Rat im Reichskolonialamt. **— 1910.** 4,40 ℳ

Nr. **98. Sechs Haager Abkommen** über **Internationales Privatrecht.** Von Geh. Ob.Reg.Rat Dr **H. Dungs. — 1910.** 2,35 ℳ

Nr. **99. Die Abkommen der Haager Friedenskonferenz.** Von Dr **H. Wehberg. — 1910.** 4,40 ℳ

Nr. **100.** Gesetz über den **Absatz von Kalisalzen.** Von Geh. Bergrat **E. Voelkel. — 1910.** 3,40 ℳ

Guttentagsche Sammlung Deutscher Reichsgesetze.

Nr. **101. Zuwachssteuergesetz** vom 14. Februar 1911. Von Geh. Reg.Rat Dr **W. Cuno. — 1911.** 5,20 *M*

Nr. **102. Urheberrecht an Mustern und Modellen** und Ges. betr. Schutz von **Gebrauchsmustern.** Von Reg.Rat **J. Neuberg,** Mitgl. d. Kaiserl. Patentamts. — **1911.** 3,40 *M*

Nr. **103. Reichs-Viehseuchengesetz** vom 26. Juni 1909 nebst Ausführungsvorschriften u. dem preuß. Ausführungsgesetz. Von Landrat Dr **W. v. Hippel. 2. Aufl. — 1912.** 6,50 *M*

Nr. **104. Versicherungsgesetz für Angestellte.** Von Rechtsanwalt **O. Bernstein** u. Dr **J. Kupferberg. 2. Aufl. — 1912.** Vergriffen. 4,95 *M*

Nr. **105. Das Geldwesen in den deutschen Schutzgebieten.** Von **W. Hintze,** Geh. Sekr. im Reichskolonialamt. — **1912.** 2,90 *M*

Nr. **106—109. Reichs-Versicherungsordnung nebst Einführungsgesetz.** Herausgegeben unter Mitwirkung von Dr **F. Caspar,** Wirkl. Geh. Rat, Direktor im Reichsamt d. Innern und **A. Spielhagen,** Geh. Ob.Reg.Rat, vortr. Rat im Reichsamt d. Innern. **4 Bände.**

Nr. **106.** I., V. u. VI. Buch. **Gemeinsame Vorschriften. — Beziehungen der Versicherungsträger zu einander und zu anderen Verpflichteten. — Verfahren.** Von Dr **K. Lippmann,** Reg.Rat im Reichs-Vers.Amt, Geh. Reg.Rat Dr **L. Laß** und Geh. Reg.Rat **H. Siefart. — 1913.** 8,45 *M*

Nr. **107.** II. Buch. **Krankenversicherung.** Von Geh.Reg.Rat **H. Siefart** u. Reg.Rat Dr **F. Sitzler. — 1916.** 9,75 *M*

Nr. **108.** III. Buch. **Unfallversicherung.** Von **A. Radtke,** Geh. Reg.Rat im R.Vers.Amt. — **1913.** 11,— *M*

Nr. **109.** IV. Buch. **Invaliden- und Hinterbliebenenversicherung.** Von Geh. Ob.Reg.Rat **B. Jaup,** vortr. Rat im Reichsamt d. Innern, und **H. Follmann,** Geh. Reg.Rat im R.Vers.Amt. — **1912.** Mit Nachtrag. 1914—1916. 5,85 *M*

Nr. **110. Wehrbeitragsgesetz** mit Ausf.-Bestimmungen. Von Wirkl.Geh.Ob.Fin.Rat **A. Fernow. 2. Aufl. — 1913.** 2,90 *M*

Nr. **111. Reichs- und Staatsangehörigkeitsgesetz.** Von Wirkl. Geh. Kriegsrat Dr **A. Romen. — 1913.** 3,25 *M*

in den angeführten Preisen enthalten.

Guttentagsche Sammlung Deutscher Reichsgesetze.

Nr. 112. **Kaufmannsgerichtsgesetz** mit Best. des Gewerbegerichtsgesetzes. Von Dr **H. Depène**, Vors. des Kaufmannsgerichts zu Berlin. — **1914.** 3,65 ℳ

Nr. 113. **Postscheckgesetz.** Von Oberpostinspektor **J. Weiland.** — **1914.** Mit Nachtrag **1918.** 2,35 ℳ

Nr. 113 a. **Postscheckordnung** mit Ausf.-Bestimmungen. Von **J. Weiland.** — **1914.** Mit Nachtrag **1918.** 2,35 ℳ

Nr. 114. **Waffengebrauch und Festnahmerecht des Militärs.** Von Wirkl. Geh. Kriegsrat Dr **A. Romen** und Kriegsgerichtsrat Dr **C. Rissom.** — **1914.** 2,90 ℳ

Nr. 115. **Das vertragliche Wettbewerbsverbot [Konkurrenzklausel].** Nebst Kommentar zum G. v. 10. Juni 1914. Von Rechtsanwalt Dr **G. Baum.** — **1914.** 4,40 ℳ

Nr. 116. **Kriegs-Zivil- und -Finanzgesetze** vom 4. Aug. 1914 und den dazu erlassenen Verordnungen und Bekanntmachungen. **3. Aufl.** — **1915.** 3,40 ℳ

Nr. 116 a. Zweite Folge: Das Jahr 1915. — **1916.** Siehe auch Nr. 129. 2,90 ℳ

Nr. 117. **Darlehnskassengesetz.** Von Rechtsanwalt **Salomon** und Bankvorsteher **Bud.** — **1915.** 2,90 ℳ

Nr. 118. **Militärhinterbliebenengesetz.** Von Rechn.Rat **Reh.** Mit Nachtrag, enth. das **Kapitalabfindungsgesetz** vom 11. Juli 1916. — **1915.** 3,65 ℳ

Nr. 119. **Kriegsleistungsgesetz.** Von Rechtsanwälten J.Rat **Heilberg** und **Schäffer.** — **1915.** 4,15 ℳ

Nr. 120. **Telegraphenwegegesetz.** Von Postreferendar **Wolf.** — **1916.** 2,35 ℳ

Nr. 121. **Direkte Kriegssteuer.** Gesetze z. Besteuerung der Kriegsgewinne. Von Ob.Verw.Gerichtsrat **A. Mrozek.** — **1916.** 5,85 ℳ

Nr. 122. **Gesetz über den Belagerungszustand.** Von Kriegsgerichtsrat Dr **H. Pürschel.** — **1916.** 6,50 ℳ

Nr. 123. **Warenumsatzstempel.** Von Geh. Ober-Justizrat **Lindemann.** — **1916.** 3,25 ℳ

Umsatzsteuergesetz — **1918.** Siehe Nr. 132.

Guttentagsche Sammlung Deutscher Reichsgesetze.

Nr. **124. Todeserklärung Kriegsverschollener.** Von Prof. Dr **J. Partsch. — 1916.** 3,90 M

Nr. **125.** Das Gesetz über den **vaterländischen Hilfsdienst** mit Einleitung u. Materialien. **3. vermehrte Aufl. — 1917.** 1,50 M

Nr. **126. Besitzsteuergesetz** mit Ausf.-Bestimmungen. Von Ob.Verw.Gerichtsrat **A. Mrozek. — 1917.** 6,— M

Nr. **127.** Verordnung über die **Geschäftsaufsicht zur Abwendung des Konkurses** vom 14. Dez. 1916. Von Rechtsanwalt **G. Klien,** mit system. Einleitung von Geh. Hofrat Dr **Ernst Jaeger** ord. Prof. a. d. Universität Leipzig. **— 1917.** 2,— M

Nr. **128.** Gesetz betr. die **Verhaftung und Aufenthaltsbeschränkung** vom 4. Dez. 1916. Nebst Anhang, betr. Entschädigung unschuldig Verhafteter. Von **Wirkl. Geh.** Kriegsrat Dr **A. Romen. — 1917.** 2,50 M

Nr. **129.** Kriegsgesetze auf dem Gebiete des **Zivil-** und **Prozeßrechtes,** für die gerichtliche Praxis zusammengestellt von Amtsrichter Dr **Johannes Fischer. — 1918.** 4,— M

Nr. **130. Ersatzlebensmittelverordnung** nebst Ausführ. Vorschr. des Reichs und der wichtigsten Bundesstaaten. Verordnungen über **Schleichhandel, Preistreiberei und Papierhandel** mit preußischen Ausführungsbestimmungen. Von **Heinz Emil Wendel,** Königl. Polizeirat in Berlin. **— 1918.** 2,— M

Nr. **131 a. Reichsfinanzgesetzgebung 1918.** Bd. I. **Getränkesteuern** (Bier, Branntwein, Wein, Schaumwein, Limonaden). Von Dr. **G. Mayer. — 1918.** 6,50 M

Nr. **131 b. Reichsfinanzgesetzgebung 1918.** Bd. II. **Abgabe** vom **Einkommen, Umsatz, Kriegsgewinn** usw., **Steuerflucht.** Von Dr. **G. Mayer. — 1919.** ca. 4,— M

Nr. **132. Umsatzsteuergesetz** und Ausführungsbestimmungen. Von Geh. Ober-Justizrat **Otto Lindemann,** vortr. Rat im Justizministerium. **— 1918.** 5,50 M

Nr. **133. Reichswuchergesetzgebung.** Von Reichsgerichtsrat Dr. **Ad. Lobe. — 1918.** 6,50 M

Nr. **134. Die Friedensverträge** Von Dr. **Karl Strupp.**
a) I. Die Ostfrieden. — 1918. 12,— M

in den angeführten Preisen enthalten.

Guttentagsche Sammlung
Preußischer Gesetze.
Text-Ausgaben mit Anmerkungen. Taschenformat.

Nr. 1. Die **Verfassungs-Urkunde** für den Preußischen Staat. Mit Einleitung, vollständigem Kommentar. Von Prof. Dr **A. Arndt. 7. Aufl. — 1911.** 5,85 ℳ

Nr. 2. Preußische **Beamten-Gesetzgebung.** Enth. die wichtigsten Beamtengesetze in Preußen. Von **K. Pfafferoth. 5. Aufl. — 1916.** 3,90 ℳ

Nr. 3. **Aufnahme** von **Nottestamenten** durch die bestellten Urkundspersonen. Anweisung mit Musterbeispielen. Von Amts-G.Rat **C. Kurtz. — 1904.** 2,35 ℳ

Nr. 4. **Gebührenordnung** für **Notare** vom 25. Juli 1910. **5. Aufl.** von Justizrat **Rausnitz. — 1917.** 5,— ℳ

Nr. 5. Gesetz vom **24. April 1854 [betr. die außerehel. Schwängerung].** Von Dr **Schulze. — 1873.** 1,— ℳ
Reichs-Recht siehe: Reichsgesetze Nr. **58.**

Nr. 6. Die Preuß. **Ausführungsgesetze und Verordnungen zu den Reichs-Justizgesetzen.** Von **R. Sydow.**
Ersetzt durch Busch-Eylau, Ausführungsgesetze.

Nr. 7. Allg. **Gerichtsordnung** und Preuß. **Konkursordnung.** Von **F. Vierhaus.** Vergriffen.

Nr. 8. **Vormundschaftsordnung.** Von **F. Schultzenstein.**
Reichs-Recht siehe: Reichsgesetze Nr. **47.**

Nr. 9. Die Preußische **Grundbuchgesetzgebung.** Von Prof. Dr **Fischer.** Vergriffen; siehe: Reichsgesetze Nr. **42.**

Nr. **10. Einkommensteuergesetz.** Von Wirkl. Geh. Ob.Finanzrat **A. Fernow. 8. Aufl. — 1913.** Vergriffen! — Neue Auflage nach Verabschiedung des angekündigten Abänderungsgesetzes.

Guttentagsche Sammlung Preußischer Gesetze.

Nr. 11. **Gewerbesteuergesetz.** Von Wirkl. Geh. Ob. Fin. Rat **A. Fernow. 6., vermehrte Aufl. — 1915.** 6,25 ℳ

Nr. 12. **Allgemeines Berggesetz.** Mit seinen Novellen und Nebengesetzen. **3. Aufl.,** bearbeitet von den Oberbergräten **Schlüter** und **Hense. — 1913.** 10,40 ℳ

Nr. 13. **Ergänzungssteuergesetz** (Vermögenssteuergesetz). Von Wirkl. Geh. Ob. Fin. Rat **A. Fernow. 5. Aufl.** Mit Nachtrag, enth. Ges. betr. Erhöhung der Zuschläge vom 8. Juli 1916. — **1914.** 5,85 ℳ

Nr. 14. **Kommunalabgabengesetz.** Vom 14. Juli 1893 und Ges. wegen Aufhebung direkter Staatssteuern. Von Oberbürgermeister Dr **F. Adickes. 5. Aufl.** bearbeitet von Stadtrat Dr **Woell. — 1911.**

Vergriffen, neue Auflage in Vorbereitung.

Nr. 15. Die **Kreisordnungen** für den Preußischen Staat. Von Land-G. Rat **O. Kolisch. — 1894.** 5,50 ℳ

Nr. 16. **Konzessionierung gewerblicher Anlagen.** Von Geh. Reg. Rat Dr **W. v. Rüdiger. 2. Aufl. — 1901.** 2,60 ℳ

Nr. 17. Preußisches **Gerichtskostengesetz.** Vom 25. Juli 1910. Mit Kostentabellen. Von Kammer-G. Rat Dr **P. Siméon. 7. Aufl. — 1913.** Mit Nachtrag: Abänderungen vom 17. Febr. 1917. 5,85 ℳ

Nr. 18. Preußisches **Stempelsteuergesetz** vom 30. Juni 1909. Mit sämtlichen Ausf.-Bestimmungen. Von **P. Loeck. 8. Aufl.** von Reg. Rat **W. Seyffarth. — 1914.** 11,70 ℳ

Nr. 19. Das **Jagdscheingesetz.** Von Wirkl. Geh. Ob. Reg. Rat **F. Kunze. 2. Aufl. — 1899.** 2,90 ℳ

Nr. 20. Die **preußischen Erbschaftssteuergesetze.** Von Rechn. Rat **U. Hoffmann. — 1905.** 5,20 ℳ
(**Reichs**-Erbschaftssteuergesetz siehe Reichsgesetze **Nr. 77**).

Nr. 21. Gesetz über die **Handelskammern.** Von Min.-Dir. **F. Lusensky. 2. Aufl. — 1909.** 4,40 ℳ

in den angeführten Preisen enthalten.

Guttentagsche Sammlung Preußischer Gesetze.

Nr. **22.** Gesetz, betr. **Anstellung und Versorgung der Kommunalbeamten.** Von Dr **W. Ledermann. 2. Aufl.,** bearbeitet von Dr **L. Brühl. — 1914.** 3,10 M

Nr. **23. Ausführungsgesetz zum Bürgerlichen Gesetzbuche.** Von Kammer-G.Rat Dr **P. Siméon. 3. Aufl. — 1914.** 3,10 M

Nr. **24.** Die **Hinterlegungsordnung. (1879)** Von Reg.Rat Dr **G. Bartels. 2. Aufl. — 1908.** 2,60 M

— —, Abänderungsgesetz vom 21. April 1913 siehe Nr. **53.**

Nr. **25. Preußische Kommunalbeamtengesetzgebung.** Von Mag.Assessor Dr **F. Kremski,** Berlin. **— 1901.** 4,40 M

Nr. **26.** Gesetze über das **Diensteinkommen der Lehrer und Lehrerinnen, Ruhegehalt und Hinterbliebenenfürsorge.** Tabelle zur Berechnung der Ruhegehalts-, Witwen- und Waisenbezüge. Von Bürgermeister Dr **E. Cremer. — 1900.** 3,40 M

Nr. **27.** Gesetz, betr. die **Warenhaussteuer.** Von Geh. Ob.Fin.Rat Dr **G. Strutz. — 1900.** 1,95 M

Nr. **28.** Die **Fürsorgeerziehung Minderjähriger.** Von Geh. Justizrat Dr **P. F. Aschrott.** Mit Ausführungsbestimmungen und allen wichtigeren Ministerialerlassen. **3. Aufl. — 1917.** 5,— M

Nr. **29.** Gesetz, betr. **die ärztlichen Ehrengerichte, das Umlagerecht und die Kassen der Aerztekammern.** Von Amts-G.Rat Dr **F. Fidler. — 1901.** 2,35 M

Nr. **30.** Das **Preußische Staatsschuldbuch** und **Reichsschuldbuch.** Von Wirkl. Geh. Ob.F.Rat **J. Mücke. — 1902.** 2,60 M

Nr. **31. Die geltenden Preußischen Gesindeordnungen. Zwei Bände.** Von Rechtsanwalt **St. Gerhard.**

31 a. Gesindeordnung für die altpreußischen Provinzen vom 8. Nov. 1810, unter Berücksichtigung der Ergänzungsgesetze, der Rechtsverhältnisse der Stellenvermittler und

Guttentagsche Sammlung Preußischer Gesetze.

Reichsversicherungsordnung, sowie die Gesindeordnungen für Neuvorpommern und Rügen und für die Rheinprovinz. **2. Aufl. — 1914.** 4,40 ℳ

31 b. Gesindeordnungen für Hannover, Schleswig-Holstein, Hessen-Nassau und den Regierungsbezirk Hohenzollern. — **1902.** 3,65 ℳ

Nr. **32. Die Städteordnung für die sechs östlichen Provinzen Preußens.** Von Dr **W. Ledermann** u. Dr **L. Brühl. 2. Aufl. — 1913.** 9,75 ℳ

Nr. **33. Rentenguts- und Anerbenrechts-Gesetzgebung in Preußen.** Von Land-G.Rat **M. Peltasohn** und Rechtsanwalt **B. Peltasohn. — 1903.** 4,40 ℳ

Nr. **34.** Sammlung der wichtigsten **preußischen Strafgesetze** nebst Ges., betr. polizeil. Strafverfügungen vom 23. April 1883. Von Geh. Ob.J.Rat. **Lindemann. 2. Aufl. — 1912.** 4,70 ℳ

Nr. **35. Geschäftsordnung für Gerichtsvollzieher.** Von **E. Exner. — 1904.** 4,55 ℳ

Nr. **36. Polizeiverordnungen in Preußen.** Von Geh. Ob.J.Rat **O. Lindemann. — 2. Aufl. 1912.** 3,40 ℳ

Nr. **37.** Gesetz, betr. **Enteignung von Grundeigentum** vom 11. Juni 1874. Von Ob.L.G.Rat **O. Meyer. 2. Aufl. — 1911.** 3,25 ℳ

Nr. **38. Kreis- und Provinzial-Abgabengesetz** vom 23. April 1906. Von Gemeindevorsteher **F. Schmidt. — 1906.** 1,95 ℳ

Nr. **39.** Gesetz, betr. die **Unterhaltung der öffentlichen Volksschulen.** Von Reg.Rat Dr **A. Marcks. — 1906.** 2,90 ℳ

Nr. **40. Verwaltungsstrafverfahren** bei Zuwiderhandlungen gegen die Zollgesetze und indirekte Reichs- und Landesabgaben. Von Dr **R. Katzenstein. — 1907.** 5,20 ℳ

in den angeführten Preisen enthalten.

Guttentagsche Sammlung Preußischer Gesetze.

Nr. **41.** Die **preußischen Jagdpolizeigesetze.** Von Wirkl. Geh. Ob.Reg.Rat **F. Kunze** und Rechtsanwalt **R. Kühnemann. 2. Aufl. — 1907.** 5,20 M

Nr. **42.** Die Gesetzgebung über die **Allgemeine Landesverwaltung** und **Zuständigkeit der Verwaltungs- und Verwaltungsgerichtsbehörden.** Von Dr **K. Friedrichs. — 1908.** 4,40 M

Nr. **43.** Gesetz, betr. die **Zulassung einer Verschuldungsgrenze** für land- und forstwirtschaftlich benutzte Grundstücke. Von Syndikus Dr **R. Leweck. — 1908.** 3,40 M

Nr. **44. Quellenschutzgesetz** nebst den Ausführungsbestimmungen. Von Geh. Bergrat **C. Voelkel. — 1909.** 1,60 M

Nr. **45. Rechtsverhältnisse der Juden in Preußen.** Von Rechtsanwalt Dr **M. Kollenscher. — 1910.** 3,40 M

Nr. **46.** Gesetz betr. **Austritt aus der Landeskirche** vom 14. Mai 1873. Von Ger.Assessor **H. Caro. — 1911.** 3,40 M

Nr. **47.** Gesetz, betr. die **Feuerbestattung.** Von Amts-G.Rat Dr **W. Lohmann. — 1912.** 2,10 M

Nr. **48. Zweckverbandsgesetz für Groß-Berlin** vom 19. Juli 1911 nebst Abdruck des allgemeinen Zweckverbandsgesetzes. Von den Magistratsräten Dr **L. Brühl,** Dr **K. Gordan** und Stadtrat Dr **W. Ledermann. — 1912.** 5,85 M

Nr. **49. Gesetze gegen die Verunstaltung landschaftlich hervorragender Gegenden** mit Ausf.-Anweisungen. Von Reg.Rat **O. Goldschmidt. — 1912.** 3,40 M

Nr. **50. Gesetz, betr. die Anlegung und Veränderung von Straßen und Plätzen in Städten und ländlichen Ortschaften.** Von Oberlandgerichtsrat **O. Meyer. — 1913.** 4,40 M

Nr. **51. Das preußische Disziplinargesetz für die nichtrichterlichen Beamten** und die Privatdozenten. Von Reg.Rat Dr **E. v. Dulzig. — 1914.** 6,25 M

Der Teuerungszuschlag des Verlages ist

Guttentagsche Sammlung Preußischer Gesetze.

Nr. **52.** **Preußisches Wassergesetz** v. 7. April 1913. Von den Rechtsanwälten **G. Wulff** und **F. Herold.** — **1913.** 7,15 *M*

Nr. **53.** **Hinterlegungsordnung** v. 21. April 1913. Von Landrichter **Hagemann.** — **1914.** 3,25 *M*

Nr. **54.** Gesetz betr. **Anlegung von Sparkassenbeständen in Inhaberpapieren** nebst Ausf.-Verordnung vom 8. Mai 1913. Von Rechtsanwalt **H. Döhring.** — **1914.** 2,90 *M*

Nr. **55.** **Preußisches Wohnungsgesetz** und **Bürgschaftssicherungsgesetz.** Von Hochschulprofessor Dr. jur. **B. Schmittmann.** — **1918.** 6,— *M*

Nr. **56.** **Das preußische Tumultschadengesetz.** Von Justizrat **Dr. Bruno Friedländer.** — **1919.** 1,20 *M*

in den angeführten Preisen enthalten.

in den angeführten Preisen enthalten.

Schlagwort-Register

R. = Nummer der Sammlung Deutscher **Reichs**gesetze.
P. = Nummer der Sammlung **Preußischer** Gesetze.
S. = Seite.

Abzahlungsgeschäfte R. 34.
Aerztekammern P. 29.
Aerztliche Ehrengerichte P. 29.
Aktienrecht R. 24, 26.
Altersversicherungsgesetz R. 109.
Anerbenrechtsgesetz P. 33.
Anfechtungsgesetz R. 13.
Angestelltenvers.-G. R. 104, S. 21.
Anlegung von Straßen P. 50.
Arbeiterschutzgesetz R. 6, 116a.
Arbeiterversicherungsgesetze R. 20. 23, 28, 57, 106—109, S. 21.
Arzneimittel R. 6, 64.
Aufenthaltsbeschränkung, Verhaftung R. 128.
Ausführungsgesetze z. BGB. P. 23, S. 21.
Ausführungsgesetze zu d. Reichsjustizgesetzen P. 6.
Ausgleichsverordnung R. 127.
Auslieferungsverträge R. 86.
Austritt a. d. Landeskirche P. 46.
Auswanderungsgesetz R. 9, 44.
Automobilgesetz R. 92, 116a.

Bankgesetz R. 26, 116.
Baufluchtengesetz P. 50.
Bauforderungsschutz R. 93.
Bauunfallversicherungsgesetz R. 28, 108.
Beamtengesetze R. 10, 82, 94, P. 2.
Bekämpfung gemeingefährlicher Krankheiten R. 56.
Belagerungszustand R. 114, 122, P. 34.
Berggesetz P. 12.
Beschlagnahme von Lohn- und Gehaltsforderungen R. 55.
Besitzsteuergesetz R. 126, S. 21.
Beurkundung des Personenstandes R. 59.
Bier, Abgabe vom, R. 131a.
Binnenschiffahrtsgesetz R. 36.
Blei- und zinkhaltige Gegenstände R. 9.
Börsengesetz R. 41.
Börsensteuergesetz R. 18.
Branntweinsteuer R. 96, 131a.
Brausteuererhebung R. 25.
Bundes- u. Staatsangehörigkeit R. 8, 111.
Bürgerl. Gesetzbuch R. 38/39 S. 21.
Bürgschaftssicherung P. 55.

Chausseegeld P. 34.
Civilprozeßordnung R. 11, S. 21.

Dampfkesselbetrieb R. 6, P. 34.
Darlehnskassengesetz R. 117.
Depotgesetz R. 40.
Diensteinkommen der Lehrer u. Lehrerinnen P. 26.
Dienstboten siehe Gesinde.
Disziplinargesetze P. 51.
Drogenhandel R. 48, 64.

Eheschließungsgesetz R. 59.
Einkommensteuergesetz P. 10.
Eisenbahngesetzgebung R. 66, 35.
Eisenbahnverkehrsordnung R. 91.
Elektrizitäts-Diebstahl R. 2.

Schlagwort-Register. (R. = Reichsgesetz, P. = preuß. Gesetz.)

Enteignung v. Grundeigent. P. 37.
Entmündigungsgesetz R. 45.
Entschädigung freigesprochener Personen R. 12, 73.
— unschuldig Verhafteter und Verurteilter R. 12, 73.
Entziehung elektr. Arbeit R. 2.
Erbbaurecht R. 38/39.
Erbschaftssteuergesetz R. 77, P. 20.
Ergänzungssteuergesetz P. 13.
Ersatzlebensmittel R. 130.
Erwerbs- u. Wirtschaftsgenossenschaften R. 29.

Fahrkartensteuer R. 18.
Farbengesetz R. 9, 48.
Farbenhandel R. 48.
Feingehalt der Gold- u. Silberwaren R. 9.
Feld- u. Forstpolizeigesetz P. 34
Festnahmerecht d. Militärs R. 114.
Feuerbestattungsgesetz P. 47.
Feuerversicherung P. 34.
Fischereigesetz P. 34.
Fleischbeschaugesetz R. 9, 54, 68.
Flößereigesetz R. 36.
Fluchtlinien-Gesetz P. 50.
Forstdiebstahl P. 34.
Frachturkundensteuer R. 18.
Freiwillige Gerichtsbarkeit R. 46.
Freizügigkeit R. 8.
Friedensverträge R. 134.
Fürsorgeerziehung Minderjähriger R. 47 P. 28.

Gast- u. Schankwirtschaftsgehilfen R. 6.
Gebrauchsgegenstände, Verkehr mit R. 9, 54.
Gebrauchsmusterschutzgesetz R. 9, 84, 102, 116, 116a.
Gebührengesetz, preußisches, für Rechtsanwälte und Gerichtsvollzieher R. 17.
Gebührenordnung für Gerichtsvollzieher R. 15.
Gebührenordnung für Notare P. 4.
Gebührenordnung für Rechtsanwälte R. 17.
Gebührenordnung für Zeugen und Sachverständige R. 15.
Gehaltsforderungen, Beschlagnahme von R. 55.
Geldwesen d. Kolonien R. 105.
Genehmigung gewerblicher Anlagen P. 16.
Genossenschaftsgesetz R. 29.
Genußmittel, Verkehr mit R. 9, 54.
Gerichtsbarkeit, freiwillige R. 46.
Gerichtskostengesetz, deutsches R. 15.
Gerichtskostengesetz, preußisches P. 17.
Gerichtsordnung, preußische P. 7.
Gerichtsverfassungsgesetz R. 14, 11, 12, S. 21.
Gerichtsvollzieher-Gebührenordnung R. 15.
Geschäftsaufsicht zur Abwendung des Konkurses R. 116, 126.
Geschäftsordnung für Gerichtsvollzieher P. 35.
Gesellschaften mit beschränkter Haftung R. 32, S. 31.
Gesetzbuch, Bürgerliches R. 38/39 S. 21.

Gesetzestafel d. deutschen Reichsrechts R. 63.
Gesindedienstpflichten P. 34.
Gesindeordnungen, preußische P. 31 a, 31 b.
Gesundheitswesen R. 27.
Getränkesteuer R. 131 a.
Getreidebeschlagnahme R. 116.
Gewerbebetrieb im Umherziehen R. 6, P. 34.
Gewerbegerichte R. 31, 112.
Gewerbeordnung R. 6.
Gewerbesteuergesetz, preuß. P. 11.
Gewerbeunfallversicherung R. 23.
Gewerkschaften, Gewerkvereine, Vereins- u. Versammlungsrecht R. 88.
Gifthandel R. 48, 64.
Gold- u. Silberwaren-Feingehalt R. 9.
Grundbuchordnung R. 42.
Grundbuchgesetzgebung, preußische P. 9.
Grundeigentum, Enteignung v. P. 37.

Haager Friedenskonferenz R. 99.
Haftpflichtgesetz R. 70, 94.
Handelsgesetzbuch R. 4, S. 21.
Handelskammergesetz P. 21.
Handfeuerwaffen R. 9.
Handwerkergesetz R. 6.
Hilfsdienst, Vaterländ. R. 125.
Hilfskassen, eingeschr. R. 20.
Hinterlegungsordnung P. 24, 53.
Hinterbliebenenversicherung R. 109, S. 21.
Höchstpreise R. 116.
Hypothekenbankgesetz R. 51.

Jagdpolizeigesetz P. 34, 41.
Jagdscheingesetz P. 19. 34,
Inhaberpapiere m. Prämien R. 9.
Innere Unruhen R. 114.
Internationales Privatrecht R. 90, 98.
Invalidenversicherung R. 30, 109, S. 21.

Kaligesetz R. 100.
Kapitalabfindungsges. R. 79b, 118
Kaufleute, Pflichten bei Aufbewahrung v. Wertpapier. R. 40.
Kaufmannsgerichte R. 112.
Kiautschou-Gebiet, militärische Strafrechtspflege im R. 3.
Kinder, Recht d. unehel. R. 58.
—, Unterbringung verwahrloster R. 47, P. 28.
Kinderarbeit, gewerbl. R. 2, 71.
Kinderschutzgesetz R. 71.
Kohlensteuer S. 21.
Kolonialgesetzgebung R. 40, 105.
Kommunalabgabengesetz P. 14.
Kommunalbeamtengesetz P. 22.
Kommunalbeamtenrecht P. 25.
Konkurrenzklausel R. 115.
Konkursordn. R. 13, 127, S. 21.
Konkursordnung, preuß. P. 7.
Konsulargerichtsbarkeit R. 75.
Konsulargesetzgebung R. 21, 75.
Konzessionierung gewerbl. Anlagen P. 16.
Kraftfahrzeuge R. 18, 92, 116 a.
Krankenversicherungsgesetz R. 20, 107, S. 21.
Kreisabgabengesetz P. 38.
Kreisordnungen P. 15.
Kriegsgewinn R. 121, 131b, S. 21.

Schlagwort-Register. (R. = Reichsgesetz, P. = preuß. Gesetz.)

Kriegsleistungsgesetz R. 119.
Kriegsteilnehmer R. 116, 116a.
Kriegsverschollenen-Todeserklärung R. 124.
Kriegs-Zivil-, Prozeß- u. Finanzgesetze R. 116, 116a, 129.
Kunstschutzgesetz R. 81.

Ladenschluß R. 6.
Landeskirche P. 46.
Landestrauer P. 34.
Landesverwaltungsgesetz P. 42.
Lehrergehalts- und Pensionsgesetze P. 26.
Limonaden R. 131a.
Literaturschutz R. 60, 95.
Lohnforderungen, Beschlagnahme von R. 55.
Lotteriespiel P. 34.

Mannschaftsversorgungsgesetz R. 79 b.
Margarinegesetz R. 9, 54.
Medizinalgesetzgebung R. 27.
Militärhinterbliebenenges. R. 118.
Militärpensionsgesetze R. 79.
Militärische Geheimnisse, Verrat R. 9, 84.
Militärstrafgerichtsordnung R. 3, S. 21.
Militärstrafgesetzbuch R. 67, S. 21.
Minderjährige, Fürsorgeerziehung für R. 47, P. 28.
Mineraliengewinnung und Aneignung P. 34.
Mineralwässer R. 131a.
Mobiliar-Feuerversich. P. 34.
Modellschutzgesetzgebung R. 9, 102.
Münzwesen R. 26, 116, 116a.
Musterschutzgesetz R. 9, 102.

Nahrungsmittel R. 9, 54, 65, 130.
Naturalleistung f. d. bewaffnete Macht R. 69.
Notare, Gebührenordnung für preußische P. 4.
Notenbankwesen R. 26.
Nottestament P. 3.

Offizierpensionsgesetz R. 79 a.

Papierhandel R. 130.
Patentgesetz R. 9, 22, 116, 116a.
Personenstandsgesetz R. 2, 9, 59.
Pensionsgesetze R. 10, 79, P. 2, 26.
Photographieschutz R. 9, 81.
Polizeiverordn. in Preußen P. 36.
Postgesetze R. 7.
Postscheckgesetz R. 113.
Postscheckordnung R. 85, 113 a.
Preistreiberei R. 130.
Preßgesetz R. 9, 53.
Preußische Verfassung P. 1.
Privatbeamtenvers.-Ges. R. 104. S. 21.
Privatrechtl. Reichsges. R. 84, 90.
Provinzialabgabengesetz P. 38.

Quellenschutzgesetz P. 44.

Rayongesetz R. 84.
Reblausgesetz R. 84, P. 34.
Rechte der Besitzer von Schuldverschreibungen R. 52.
Rechtsanwalts-Gebührenordnung R. 17.
Rechtsanwaltsordnung R. 16.
Rechtshilfe R. 76.
Rechtsverhältnisse d. Juden P. 45.
Registerführung, gerichtl. R. 80.
Reichsbeamtengesetz R. 10, 82.
Reichseisenbahngesetzgebung R. 35, 66.

Schlagwort-Register. (R. = Reichsgesetz, P. = preuß. Gesetz.)

Reichserbschaftssteuer R. 77.
Reichsfinanzgesetze R. 131, S. 21
Reichsgewerbeordnung R. 6.
Reichsgrundbuchordnung R. 42.
Reichs-Justizgesetze R. 11, 12, 13.
Reichskassenscheine R. 9. 116.
Reichsmilitärgesetz R. 84.
Reichspreßgesetz R. 53.
Reichsschuldbuch P. 30.
Reichsseuchengesetz R. 9, 56.
Reichsstempelgesetz R. 18.
Reichsverfassung R. 1.
Reichsviehseuchenges. R. 103.
Reichsversicherungsordnung R. 106—109, S. 21.
Reichswuchergesetzgebung R. 133.
Rentengutsgesetze P. 33.
Rinderpest R. 9.

Saccharingesetz R. 9, 54.
Schadensersatz an unschuldig Verhaftete u. Verurteilte R. 73.
Schaumwein R. 131a.
Scheckgesetz R. 85. 113.
Schlachthäuser P. 34.
Schlachtviehgesetz R. 9, 54, 68.
Schleichhandel R. 130.
Schonzeit des Wildes P. 34.
Schuldverschreibungsgesetz R. 52.
Schulunterhaltungsgesetz P. 39.
Schutzgebietsgesetz R. 75, 97, 105.
Schutzhaftgesetz R. 128.
Schutztruppe, Strafverfahren R. 3, Pension R. 79.
Schwängerung, außereheliche R. 58, P. 5.
Seegesetzgebung R. 19.
Seerecht siehe HGB. Text.
See-Unfallversich.-G. R. 57, 108.
Seuchengesetz R. 56.
Sklavenhandel R. 9.
Sozialpolitische Gesetze R. 20, 23, 28, 30, 57, 72, 104, 106 bis 109, 116, 116a.
Sparkassengesetz P. 54.
Spionagegesetz R. 67.
Sprengstoffgesetz R. 2, 9.
Staatsangehörigkeit, Erwerb u. Verlust R. 8, 111.
Staatsschuldbuch P. 30.
Staatssteuern, Gesetz betr. Aufhebung direkter P. 14.
Städteordnung für die 6 östlichen Provinzen P. 32.
Stempelsteuerges. f. Preuß. P. 18.
Stempelsteuerg. f. d. Reich R. 18.
Steuerflucht R. 131b.
Steuergesetze R. 5, 18, 25, P. 10, 11, 13, 14, 18, 20, 27.
Strafgesetzbuch R. 2, S. 21.
Strafgesetze, preußische P. 34.
Strafprozeßordnung R. 12, S. 21.
Strafrechtliche RG. R. 9.
Straßen- u. Baufluchtengeſ. P. 50.
Subhastationsgesetz R. 43.
Süßstoffe, künstliche R. 9, 54, 64.

Tantiemensteuer R. 18.
Telegraphengesetze R. 7.
Telegraphenwegegesetz R. 120.
Testamentsrecht P. 3.
Todeserklärung Kriegsverschollener R. 124.
Tumultschadengesetz P. 56.

Umsatzsteuer R. 131b, 132.
Uneheliche Kinder R. 58.
Unfallversicherungsgesetze R. 23, 28, 57, 72, 108, S. 21.

Unlauterer Wettbewerb R. 37.
Unterbringung verwahrloster Kinder R. 47, P. 28.
Unterhaltg. d. Volksschulen P. 39
Unterstützungswohnsitz R. 8.
Urheberrechtsgesetze R. 9, 60, 22, 81, 95 102.

Vereinsgesetz R. 88.
Vereins- u. Versammlungsrecht R. 33, 88, P. 34,
Verfälschung v. Nahrungsmitteln R. 54, Wein R. 65.
Verfassung, Reich R. 1.
Verfassung, preußische P. 1.
Verhaftung und Aufenthaltsbeschränkung R. 128.
Verkehrsabgaben P. 34.
Verkehrs- u. Kohlensteuer, Kriegssteuerzuschlag S. 21.
Verlagsrecht R. 61.
Vermögenssteuergesetz P. 13.
Verrat militär. Geheimnisse R. 2, 9, 67.
Verschuldungsgrenze P. 43.
Versicherungsvertrag R. 83.
Versicherungsunternehmungen, private R. 62.
Versorgung der Kommunalbeamten P. 22.
Verunstaltung landschaftlich hervorragender Gegenden P. 49.
Verwaltungsstrafverfahren P. 40.
Verwendung gesundheitsschädlicher Farben, Nahrungsmittel, Wein R. 54, 65, 130.
Viehkauf (Viehgewährschaft) und Viehhandel R. 50.
Viehseuchengesetz R. 84, 103.
Vogelschutzgesetz R. 89.
Volksernährung R. 116, 116a.
Vormundschaftsordnung, preußische P. 8.
Vormundschaftsrecht, Deutsches R. 47.

Waffengebrauch R. 114.
Wald- und Wassergenossenschaft P. 34.
Wandergewerbebetrieb P. 34.
Warenzeichenrecht R. 9,87, 116, 116a.
Warenhaussteuergesetz P. 27.
Warenumsatzstempel R. 18, 123.
Wassergesetz P. 52.
Wechselordnung R. 5, S. 21.
Wechselstempelsteuergesetz R. 5.
Wehrbeitragsgesetz R. 110, S. 21.
Weingesetz R. 9, 54, 64, 65, 131a.
Wertpapiere, Depotgesetz R. 40.
Wettbewerb, Bekämpfung unlauteren R. 37.
Wettbewerbsverbot R. 115.
Wild-Schonzeit P. 34.
Wirtschaftliche Maßnahmen aus Anlaß des Krieges R. 116, 116a.
Wohnungsgesetz P. 55.
Wuchergesetz R. 2, 133.

Zeugengebühr R. 15.
Zigarettensteuergesetz R. 78.
Zivilprozeßordnung R. 11, S. 21.
Zuständigkeitsgesetz P. 42.
Zuwachssteuergesetz S. 21, R. 101.
Zwangserziehung R. 47.
Zwangsversteigerung an Immobilien R. 43.
Zwangsvollstreckungsgesetz R. 43.
Zweckverbands-Gesetz P. 48.

 2. IV. 1919. 5 000.

FSC
www.fsc.org
MIX
Papier | Fördert gute Waldnutzung
FSC® C083411

Kolibri 360 GmbH
Ferdinand-Jühlke-Straße 7
99095 Erfurt, Deutschland
produktsicherheit@kolibri360.de